は、既に核兵器を大量に保有したり、開発しようとしている悪しき隣人への抑止力となるとともに、爆発する世界人口増を産業的に支える命綱でもある。

ポピュリズムこそが敵である。マスコミも政党も、ポピュリズムの誘惑に屈してはならない。

二〇一二年　九月十七日

幸福《こうふく》の科学《かがく》グループ創始者兼総裁《そうししゃけんそうさい》　大川隆法《おおかわりゅうほう》

まえがき

日本では、次の政局がらみで、脱原発、反原発運動をする勢力を国民全体の総意的に宣伝する左翼マスコミがあるため、へたをすれば、「核の刀狩り」をされてしまうおそれがある。

思い返せば、アメリカのオバマ民主党政権と日本の鳩山民主党政権の「チェインジ」こそが、世界一位、二位で共同して世界をリードしていた両国家の没落の引き金を引いてしまった。一見、耳ざわりのよい宗教的スローガンが、地獄への道であったのである。

日本人が民族として生き残りたければ、核の技術は捨ててはならない。それ

アインシュタインの警告

反原発は正しいか

大川隆法
RYUHO OKAWA

アインシュタインの警告　目次

まえがき　1

アインシュタインの警告

二〇一二年九月十五日　アインシュタインの霊示《れいじ》
東京都・幸福の科学教祖殿《きょうそでん》　大悟館《たいごかん》にて

「霊言現象《れいげん》」とは、あの世の霊存在の言葉を語り下ろす現象のことをいう。これは高度な悟《さと》りを開いた者に特有のものであり、「霊媒現象《れいばい》」（トランス状態になって意識を失い、霊が一方的にしゃべる現象）とは異なる。外国人霊の霊言の場合には、霊言現象を行う者の言語中枢《ちゅうすう》から、必要な言葉を選び出し、日本語で語ることも可能である。

なお、「霊言」は、あくまでも霊人の意見であり、幸福の科学グループとしての見解と矛盾《むじゅん》する内容を含《ふく》む場合がある点、付記しておきたい。

アインシュタインの警告

――反原発は正しいか――

二〇一二年九月十五日　アインシュタインの霊示
東京都・幸福の科学教祖殿《きょうそでん》 大悟館《たいごかん》にて

アルベルト・アインシュタイン（一八七九〜一九五五）

ドイツの理論物理学者。光電《こうでん》効果の解明によってノーベル物理学賞を受賞。相対性理論の提唱者として知られ、「二十世紀最大の物理学者」「原子力の父」と言われる。ユダヤ人であり、ナチスの迫害《はくがい》を避《さ》けてアメリカに亡命《ぼうめい》、アメリカ国籍《こくせき》を取得した。原子力の軍事利用の可能性を提言したものの、原《げん》爆《ばく》開発には関与《かんよ》しておらず、第二次世界大戦後は平和活動にも従事した。

質問者　※質問順

武田亮《たけだりょう》（幸福の科学副理事長 兼《けん》 宗務《しゅうむ》本部長）

大川真輝《おおかわまさき》（幸福の科学宗務本部総裁室チーフ）

石川雅士《いしかわまさし》（幸福の科学宗務本部第一秘書局長代理）

［役職は収録時点のもの］

1 「反原発運動」の背後にあるものとは

「二〇三〇年代に原発ゼロ」を決めた民主党政府

大川隆法　今、日本では、反原発運動、脱《だつ》原発運動がかなり盛《さか》んになっており、民主党の代表選や自民党の総裁選の目玉になっているようですし、次の総選挙の目玉にもなるのではないかと思われます。

昨日《さくじつ》（二〇一二年九月十四日）は金曜日だったので、総理官邸《かんてい》前では、反原発デモが、また例のごとく行われたようですが、それを受けたかのように、政府は、「二〇三〇年代に原発稼働《かどう》をゼロとする」という目標を決めました。

そのころには、おそらく、もう政府にはいないであろうと思われる人たち、政府で仕事をしているわけがない人たちが、そういう、あやふやなことを約束しているので、「民主党的だな」と、つくづく思います。「自分たちが政府にいないときに消費税率が上がるのなら、自分たちには関係がない」という姿勢と似たようなものを感じました。

この方針を政府が決めたのは基本的には選挙対策だと考えられますが、二〇三〇年代というと、今から約二十年も先の話です。「それまでに、誰《だれ》かが、どうにかしてくれるだろう」という考え方かと思います。

東日本大震災《だいしんさい》以降、この一年余りの間《あいだ》に、新聞やテレビ、週刊誌などでは、「原子力発電所の放射能漏《も》れや、放射線による被害《ひがい》があるかもしれない」ということが、洪水《こうずい》のごとく報道されてきました。

東日本大震災では、二万人近い方が、亡《な》くなるか、行方《ゆくえ》不明になっているわけですが、一年以上も、そういう報道を聞いていると、だんだん、福島の原発事故で二万人が亡くなったような錯覚《さっかく》に、日本全体が陥《おちい》ってきたような気さえします。

そのため、反原発運動において、かつての反米の安保闘争《あんぽとうそう》にも似た気運が盛り上がってきています。

それは、最近、インドなど、日本以外のアジアの国にも飛び火したようです。

ついこの前、インドでは全土の六割の所帯が停電し、大混乱になりました。

そのように、電力の供給は非常に大事なことであるにもかかわらず、原発プラントを建てている所では、近くの海にインドの人たちが入って、原発反対を訴《うった》えたりしています。

しかし、私たちは、全体を鳥瞰《ちょうかん》しながら、騙《だま》されないように、「真実とは何か」ということを、よく見極《みきわ》めなくてはいけないと思っています。

日本の反原発運動は「中国の原子力支配」につながる

大川隆法　どこの誰か、名前は挙げませんが、反原発のリーダーをしている方と同じように、幸福の科学が、脱原発、反原発のうねりを全国で起こしたなら、その方のように、私だってノーベル平和賞を目指せるかもしれませんが、別に、メダルが欲《ほ》しいわけではないので、原発推進の考えを変えるつもりはありません。

それと、もう一つ、言っておきたいことがあります。それは、「反原発運動をしている人たちは、実は、何者かによって踊《おど》らされ、いつの間にか、自分たちが知らない大きな世界戦略の一部に組み込《こ》まれているのではないか」ということです。その踊らされている人たちは、それに気がついていない可能性があります。そのことの危険性については警告せざるをえないのです。

今、アメリカは、日本の反原発運動に対して、強い危機感を持ち、警鐘《けいしょう》を鳴らしているのですが、それに関して、日本の新聞の取り扱《あつか》いは非常に小さく、日本人には、その意味がよく分からないようです。

オバマ大統領は、原発ではなく原子力兵器のことを指すのでしょうが、「核《かく》のない世界を」というような演説をして、ノーベル平和賞をもらったので、日本人は、「おそらく、それと同じ流れだろう」と思っているのでしょう。

しかし、そうではありません。アメリカでは、一九七九年にスリーマイル島で原発事故が起き、かなりの被害が出たと思います。それによって、自国の原子力発電技術の低さが分かったため、以後、アメリカは日本の原発技術で原子力発電を行っています。

したがって、日本が、「原発を廃止《はいし》し、原子力エネルギーを排除《はいじょ》する」というスタイルを取った場合、アメリカの原子力発電所建設と、原子力によるエネルギー供給も、衰退《すいたい》し、質的に落ちていくのです。

また、原子力の問題は核防衛の問題ともつながっています。アメリカの原子力関連産業が、全部、衰退していくことは、同時に、防衛戦略上の問題が生じることも意味しているのです。

今、アメリカは、「中国が原子力の世界を完全に支配する世の中ができる」ということを恐《おそ》れ、危機感を持っています。しかし、それが日本人にはまだ分かっていないのです。

インドでも反原発運動が起きましたが、インドは電力供給の少ない国です。水力発電はできませんし、石炭や石油がたくさん出るとも聞きません。しかし、すでに十二億もの人口があり、これから、もっと人口は増えようとしていますし、近代工業化し、産業を興《おこ》して、国を豊かにしようとしています。

そういう国で、エネルギーの安定供給を止《と》めたら、どうなるでしょうか。おそらく、それは、中国と、インドの隣国《りんごく》パキスタンを利することになるでしょう。

こういうところにまで、日本の反原発運動は影響《えいきょう》を与《あた》えつつあるのです。

政府の「脱《だつ》原発政策」が非常に危険な理由

大川隆法　中国人は、尖閣《せんかく》問題に絡《から》めて反日運動を各地で行い、日本の国旗を燃やしたり、日本の商店を襲《おそ》ったり、「日本製の商品を、一年間、買わなければ、日本なんか潰《つぶ》れてしまう」と言ったりしました。

また、「日本が尖閣諸島を国有化することは、中国に対する主権侵害《しんがい》だ」と言って、「官製デモ」を行いました。

そのデモ隊の旗を見ると、なかには原子爆弾《ばくだん》の絵を描《か》いたものもありました。民間人の格好をした人が、そういう旗を持ってデモをしているのです。

これが意味することは明らかであり、「戦争をしたら、最後には原爆を落とすぞ。おまえらには、どうせ勝ち目はないのだ。そうなったら、もう商売も何もできないぞ」というようなことを言っているわけです。

尖閣諸島も竹島《たけしま》も、日本にとっては、未来エネルギーの一つの可能性がある海底資源の宝庫です。メタンハイドレート等の海底資源が、豊富な埋蔵量《まいぞうりょう》を持ち、未来エネルギーになるとしたら、まさしく、原子力以降の新たなエネルギー源になる可能性があります。

しかし、中国船や韓国《かんこく》船がこんなに数多く来て、実効支配をしようと頑張《がんば》っている状況《じょうきょう》では、安定的なエネルギー供給は、ほとんど不可能です。採掘《さいくつ》中に攻撃《こうげき》されたら、それで終わりです。海上に櫓《やぐら》を組み、海底から採掘しようとしても、船を沈《しず》められたり、櫓を攻撃されたりしたら、安定供給はできないのです。

また、問題は、それだけではありません。

今、中国は、沖縄《おきなわ》の米軍基地の撤去《てっきょ》を目指していますが、それが実現すると、石垣島《いしがきじま》から尖閣諸島あたりまで、全部、中国の支配下に入り、また、フィリピンやベトナムまで、中国の支配下に入ってしまいます。

こうなると、中東のアカバ湾《わん》方面からの石油の供給が極めて危険にさらされます。中国の潜水艦《せんすいかん》は南シナ海の海南島《かいなんとう》を中心にして数多く活動していますが、今はまだ米軍の第七艦隊等がその海域を警備してくれているので、日本の船舶《せんぱく》は航行できています。しかし、何の警備も付いていない日本のタンカーが、無事に石油を日本に運べると思ったら、大間違《まちが》いです。

中国は、ああいう野蛮《やばん》な動きというか、反日運動を平気で起こす国ですし、年間に十万件以上ものデモが起きる国でもあるので、何でもやると考えられます。

そうしたことを総合的に考えると、私は、「選挙対策も絡めてかもしれないが、今の原発反対デモに基《もと》づいて、政府が国の政策を何十年も固定しようとしているのは、非常に危険なことではないか。冷静さを欠いている」と思います。

新聞の報道は、左翼《さよく》系と、そうではないものとに、はっきりと分かれていますが、日経新聞や産経新聞は、「産業界、経済界は悲鳴を上げている」ということを正確に伝えています。

一方、左翼系の新聞は、「一日も早く、原発のない社会を」ということを一《いっ》生懸命《しょうけんめい》に訴え、それが、とてもよいことであり、それによって天国が実現するような言い方をしています。

しかし、左翼系の新聞は、ついこの前までは、「CO_2（二酸化炭素）のない世界を」と訴えていましたし、民主党政府は、国としての削減《さくげん》目標まで出して、「何年までに何パーセント削減し、世界一早く、CO_2を大幅《おおはば》に抑制《よくせい》する」と言っていたのです。ところが、コロッと話が変わりました。

また、以前はCO_2の排出反対運動をしていたのと同じメンバーが、今度は、CO_2を排出する方向の運動を、一生懸命、やっているわけです。原発をやめたら、今のところ、化石燃料を使うしかないからです。

原発の稼働停止に伴《ともな》い、東京電力が赤字になり、電気料金の値上げが起きています。四月から企業《きぎょう》向けの電気料金が上がり、九月から家庭向けの電気料金が上がりました。化石燃料の割合を増やすことによって、少なくとも去年一年で何千億円もの赤字が出ているのです。

「原発をやめても、電気料金は上がらない」という予測を、反原発運動の人たちが立てるのは結構ですが、現実問題として、そういうことはありえません。それで電気料金が上がらないのなら、もともと、原発をつくる必要はなかったでしょう。

さらに、中東の油田地帯は、政治的に非常に危険な所です。中東で紛争《ふんそう》が起きたときに、日本は、石油が入らなくなる怖《こわ》さを経験したので、原発のほうにシフトしてきたのです。

戦前のようにエネルギー源を断《た》たれる可能性がある日本

大川隆法　今、日本のエネルギー自給率は、わずか四パーセントしかありません。食料自給率（カロリーベース）は約四割、三十九パーセントぐらいかと思いますが、エネルギー自給率は四パーセントしかないのです。

太平洋戦争が始まる前、日本の石油輸入量の七十五パーセントぐらいはアメリカからのものでした。それを止《と》められたことが開戦の根本的理由です。日本がアメリカと戦争をしなくてはいけなくなったのは大変なことでした。七十五パーセントもの石油を止められたら、産業はほとんど止まりますし、軍隊も動けなくなります。軍艦は出航できず、戦闘機は飛べません。そういう相手と日本は戦争をしたのです。

しかも、アメリカは日本が戦争をするように仕向けました。それは、はっきりしています。「ハル・ノート」（太平洋戦争の開戦直前にアメリカから日本に提示された文書）等の内容を分析《ぶんせき》すれば、アメリカのほうが事実上の宣戦布告を先に行ったことは明らかです。

七十五パーセントもの石油を輸入できなくなったら、日本は、やっていけません。単純に考えても、GDP（国内総生産）が四分の一になってしまう可能性があります。

そこで、日本は南方の石油を取りに行くことにしましたが、それをアメリカは読んでいました。彼らの目的は日本に南方を侵略させることであり、それを〝錦《にしき》の御旗《みはた》〟にして日本と戦う態勢を、フランクリン・ルーズベルトは用意していました。そのことは分かっているのです。

実は、「これと同じような戦略が、今の中国にはあるのではないか」と考えられます。

今、中国は、尖閣諸島の領有をめぐって、排日運動、反日運動を起こしていますが、あまりの素早《すばや》さに驚《おどろ》いてしまいます。

中国は「日米を同時に葬《ほうむ》る作戦」を水面下で進めている

大川隆法　また、今、アラブ圏《けん》では、「ムハンマドをばかにした映画がつくられた」という理由で、反米運動が起きています。これは、キリスト教の異端《いたん》の一派というか、少数派のコプト教徒がつくったようです。

今回の反米運動のきっかけは、この映画の十数分の予告編がユーチューブなどで流されたことです。しかも、最初は英語だったのに、途中《とちゅう》からアラビア語に吹《ふ》き替《か》えられました。これは、どうやら、アラブ圏を怒《いか》らせる目的でつくられたようです。

それはユーチューブで流れたりしたぐらいなので、一部の人以外は見ていないのですが、それによって反米運動が起き、アラブの十カ国以上、アフリカからアジアにまで飛び火して、「リビアのアメリカ領事館が襲われ、大使が殺される」という事件も起きました。

今のところ、アメリカの対応は、「海兵隊を、リビアとイエメンに、それぞれ五十人ずつ送る」という程度であり、これは本当にかたちだけのものです。五十人を送っても、どうにもならないと思いますが、とにかく何かをしなくてはいけないので、そのような、日本政府が行うことに極めて近い対応をしています。十数カ国で反米運動をされたら、攻撃のしようがありません。

私が最近の説法《せっぽう》で言っているように、無神論・唯物論《ゆいぶつろん》の国家が連帯するだけではなく、さらに、貧しいイスラム教国までもがこれと連帯すると、大変なことになります。

「日米を同時に葬《ほうむ》る作戦が、水面下で進んでいるのではないか」と、今、私は推定しています。日本が沈められようとしているのは分かっていましたが、アメリカまでをも、素早く包囲し、沈めようとする運動が起きています。一つは、原発を絡めて、もう一つは、「ムハンマドをばかにした」という宗教問題を通じて、それを行《おこな》っているのです。

これは、おそらく、イスラエルにも関係があるでしょう。この動きには、「シリアやイランをアメリカに攻撃させない」ということと、「イスラエルを孤《こ》立《りつ》させる」という目的が入っていると思うのです。

イスラエルを孤立させても、オバマ大統領が介入《かいにゅう》できない感じであったら、「イスラエルを攻撃できるように、イランが核開発を進める」という考えではないかと思われます。

やはり、大きな世界戦略から物事を見なければいけません。そのなかの一部分を、役者のように割り当てられ、やらされているのに、それを自覚していない人が多いのではないかと思います。

ただ、「エネルギー自給率が四パーセント」という状態では、エネルギーの問題は日本にとって死活問題であり、例えば、石油が輸入できなくなると、家庭生活、工場の稼働、企業活動等の全部がものすごい影響を受けます。

今、中国の海洋戦略によって、シーレーン(海上輸送路)は、ますます危険にさらされていますし、中国は日米関係に亀裂《きれつ》を入れようと頑張っています。したがって、やがて石油が入ってこなくなる可能性は極めて高いでしょう。

風力や太陽光は原子力の代わりにはならない

大川隆法　原発に関しては、「事故が起きると危険だから、やめろ」という考えもあると思います。しかし、あえて言いますと、天然ガスだって、ガス爆発事故が起きることはありますし、石油だって、石油の備蓄《びちく》基地が爆発したり、引火《いんか》して石油が燃えたりする事故が起き、人が死ぬこともあります。

また、昔の石炭の時代には、炭鉱の爆発事故で、よく人が死んでいました。そういう危機とは、いつも背中合わせだったのです。

原子力を、ほかのエネルギーに替えることについては、それがきっちりとしたものであるなら、私は別に反対しません。

しかし、今、政府がやろうとしていることは、まず、「二十年後《ご》には、日本人は主食のコメを食べることをやめる」と宣言し、次に、「それまでにコメ以外の主食を開発する」と言っているようなものです。

コメ以外の主食のあてはないのに、それを二十年後までに開発するつもりで、「二十年後には、コメを一切食べないようにする」ということを、まず決めようとしています。そして、「その代わりになるものは何か、まだよく分からないけれども、まあ、何とかなるでしょう」という感じなのです。

ところが、風力発電は、コストが高く、生産性がそれほどよくないことが、はっきり分かっていますし、海のなかに風車のようなものが数多く立ったら、大変な問題が幾《いく》つも起きて、おそらく、いろいろな被害が出てくるだろうと思います。

太陽光発電は、一時期、すごく人気があり、孫正義《そんまさよし》という、「現代の政商」とも言われるような人が、去年の原発事故に付け込んで、「太陽光発電を大々的に東北に普及《ふきゅう》させてしまおう」と、すごい大風呂敷《おおぶろしき》を広げてはいました。しかし、渡部昇一《わたなべしょういち》氏も書いていましたが、太陽光発電には次のような問題があります。

以前、宮崎《みやざき》県にはリニアモーターカーの実験場があったのですが、実験に使わなくなったので、「何かに使おう」ということで、その軌道《きどう》上に太陽光発電のパネルを並べ、発電を行いました。しかし、火山が噴火《ふんか》して、火山灰が付着したため、パネルが機能しなくなり、発電できなくなってしまったのです。

太陽光パネルを大量に張るには、ものすごい面積を必要としますが、それを掃除《そうじ》するのは大変で、費用もかかります。掃除の仕事をつくり出す可能性はあ

りますが、埃《ほこり》などが溜《た》まると発電できなくなるのです。

また、「発電量が天候に非常に左右される」という制約もあります。

そのため、原発を太陽光発電に替えることは、とても非現実なのです。〝小指の先ぐらいのウラン〟で、原子力潜水艦が半永久的に海中を移動できることに比べたら、話にならないほどエネルギー効率は悪いだろうと思います。

そのようなことを、いろいろと考慮《こうりょ》しつつも、「今後、どうするか」ということを考えていかなければならないのです。

原子力政策が「日本の命運」を決める

大川隆法 「民意は、百パーセント、原発廃止だ」と報じている新聞もありますが、これは、はたして本当でしょうか。

「福島原発の事故は不幸な事故であった」と私は思いますが、その原因は、やはり、マグニチュード9・0という、「千年に一度」とも「六百年に一度」とも言われる大地震と津波《つなみ》です。

福島原発で発電装置のある所は、日本人の設計者によれば、もともと、丘《おか》の上につくることになっていたのに、アメリカ人の技師が入ってきて、「こんな高い所につくる必要はない。堤防《ていぼう》が十メートルもあったら、海からの津波に対しては大丈夫《だいじょうぶ》だ」と言ったので、その丘を削《けず》り、平地《へいち》にして、その上につくったところ、そこが冠水《かんすい》して被害を受けたと聞いています。

したがって、あの事故は防げないわけではなかったと思います。「十メートル以上の津波は来ない」と思ったために起きたことなので、もともとの設計のとおり、高台の上につくっておけば、おそらく、あれほどの被害は出なかった可能性が高いと思います。

また、福島原発の事故自体では、まだ人は死んでいないのが現実です。

日本は、今、どちらかといったら、もう一・五流国でしょう。軍事的な力も、世界に対するオピニオンの発信力もないことを見たら、一・五流国だと思いますが、これが、今後、二流国、三流国に落ちていくかどうかは、この原子力政策にかかっているような気がします。

したがって、私は、次の総理になる人は、やはり、「原発を再稼働する人」であるべきだし、「国防問題に対処できる人」であるべきだと思っています。

ただ、そういう人が選ばれるかどうか、分かりません。それとは正反対の人が選ばれる可能性もありますが、そうなると、日本の将来は非常に厳しいのではないかと思っています。

鳩山由紀夫《はとやまゆきお》氏は、首相に就任したら、すぐ、七割がた完成している八ッ場《やんば》ダムの建設中止を打ち出し、そこでの水力発電をできなくしましたが、私は、この原発廃止の問題から、それと非常に似た印象を受けて、しかたがありません。

鳩山氏は、もう少しでダムが完成するのに、それまでの何千億円もの投資を無意味にしてしまいました。しかし、その後《ご》、「水力発電があったほうがよかった」という結果が出てきているのです。

「民主党政権は、原発に関しても、それと同じようなことをするのではないか」という気がして、しかたがないのです。

以上、私の見解を、いろいろと述べました。

原子力問題に関して、科学者の意見を聴《き》いてみたい

大川隆法　脱原発については、「運動のリーダーである大江健三郎《おおえけんざぶろう》氏の真意を問う」というかたちで、彼の守護霊《しゅごれい》の霊言《れいげん》を出してはいるのですが（『大江健三郎に「脱原発」の核心を問う』〔幸福の科学出版刊〕参照）、彼は文学者なので、感情的に動いているのでしょう。それは、分からないこともありません。

そこで、今日は、「原子力の父」とも言うべきアインシュタイン博士《はかせ》を呼んで、どのように考えるのか、科学者の意見を聴《き》いてみたいと考えています。

彼は、「原子力には大きな爆発力がある」「物質がエネルギーに変わる」ということを、理論上、証明したのですが、結局、それが、原子力発電だけではな

く、原爆ができる原因にもなりました。

彼は大正時代に来日しています。また、「日本という国を創《つく》ってくださったことに対して、私は本当に神に感謝しています」「日本という国があることは驚きである」というようなことを言ったとされています。

ところが、自分の発見した関係式に基づいてつくられた原爆が、二発、日本に落とされ、広島と長崎が廃墟《はいきょ》になったのを見て、彼は愕然《がくぜん》とし、戦後は平和運動のリーダーにもなりました。

そういう方に、「今の日本は、どのように見えるのか」ということ等をお訊《き》きし、原子力問題をトータルで考えてみたいと思います。

また、彼は科学者なので、原子力の代替《だいたい》エネルギーとして、もし推奨《すいしょう》するものがあるのであれば、それをお聴きしてもよいでしょう。

今は、どのようなお考えなのでしょうか。原子力問題に関して、これだけ地上が揺《ゆ》れている以上、原子力にかかわっている霊人《れいじん》の方々は、天上界《てんじょうかい》でも何らかの会議を行っているのではないかと思われます。

彼が、結論として、どのようなことを言うのか、分かりませんが、おそらく、科学者の側からの適切なアドバイスをしてくださるのではないかと考えています。

前置きは以上とします。

原子力の父、アインシュタイン博士《はかせ》を招霊《しょうれい》する

大川隆法　それでは、始めます。

（合掌《がっしょう》し、瞑目《めいもく》する）

日本では、今、脱原発、反原発の運動が非常に盛んになっており、原子力廃絶のほうへと動いています。

そこで、原子力エネルギーを、理論上、発見した、アインシュタイン博士《はかせ》をお呼びいたしまして、今後のあるべき姿、日本や世界、当会のあるべき姿等についてて、ご意見を伺《うかが》いたいと思っております。

私の考えは先ほど述べましたけれども、それに関係なく、アインシュタイン博士ご自身のお考えを述べていただいて結構かと思います。

アインシュタインの霊《れい》、流れ入《い》る。

アインシュタインの霊、流れ入る。
アインシュタインの霊、流れ入る。
アインシュタインの霊、流れ入る。
アインシュタインの霊、流れ入る。
アインシュタインの霊、流れ入る。
アインシュタインの霊、流れ入る。
アインシュタインの霊、流れ入る。

2 「原子力の平和利用」を実現するために

アインシュタインの物理学も「幸福を科学するための研究」だった

アインシュタイン　（手を一回たたく）ハア。

武田　おはようございます。

アインシュタイン　大変だね。

武田　はい。

アインシュタイン　うーん。うん。

武田　アインシュタイン博士《はかせ》、本日は、宗教法人幸福の科学の大悟館《たいごかん》にご降臨くださいまして、まことにありがとうございます。

アインシュタイン　「物理学者が宗教法人に降りてくる」というのは、まことに不思議なことだな。「幸福の科学」と名付けておいて、よかったね。

武田　そうですね。そういう意味では、つながりが……。

アインシュタイン　そう名付けておいたから、物理学者が降りてきても、何となく、おかしくはないし、いかがわしくもない面がある。

まあ、私の物理学だって、〝幸福の科学〟だったわけだ。幸福を科学するための研究をやっていたのでね。

ルソーからの〝古代返りの思想〟がよみがえっている

アインシュタイン　（質問を）どうぞ、どうぞ。

武田　はい。冒頭《ぼうとう》で、大川総裁から、さまざまなお話がありましたが、現在、日本では、反原発運動が激しく定期的に行われており、その結果、日本の国の舵取《かじと》りが、数十年というスパンで固定化されようとしています。政府は、昨日《きのう》、「二〇三〇年代に原発稼動《かどう》をゼロにする」という目標を発表しました。

「原子力の父」とも呼ばれておりますアインシュタイン博士は、この反原発の流れや、この国の未来を、どのように見ておられるのでしょうか。まず、ご感想をお伺《うかが》いしたいと思います。

アインシュタイン　うーん。全体的な印象だけども、何となく、ルソーからの〝古代返りの思想〟がよみがえっているような気がして、しかたがないですね。「自然に帰れ」という運動のように感じるので、結局、農耕時代に帰りたい人たちが多いような気がして、しかたがない。

あなたがたと違《ちが》って、成功や発展を否定する人たちなのではないでしょうか。だから、まさしく「下山《げざん》の思想」でしょう。「日本は、もう峠《とうげ》を過ぎたので、これから下《くだ》っていくばかりなのだ」ということを肯定《こうてい》し、落ちていこうとしているトロッコに、一生懸命《いっしょうけんめい》、われ先に乗り込《こ》もうとしている。そのように見えなくはないですね。

「宇宙の秘密」を探《さぐ》るには、原子力の研究は避《さ》けられない

アインシュタイン　原子力の研究そのものは、やはり、どうしても通り越《こ》さなくてはいけない問題だったと思いますよ。これは、物理学の世界から見て、私がいようが、いまいが、絶対に必ず誰《だれ》かがやらなくてはいけなかった問題です。

これは、「宇宙は、なぜできたか」「世界は、なぜできたか」ということに迫《せま》る問題であり、また、「世界は、何ゆえに、存在できているのか」「物質は、何ゆえに、この世に存在するか」という問題だね。

「物質というものは、実は、エネルギーと等価である」ということを、私は証明したわけです。例の「$E=mc^2$」という関係式だよね。それは、「物質は全部エネルギーに変わる」ということを意味している。

それでいくと、「適切な物質を選べば、それから大量のエネルギーを放出することができる」ということが分かるし、また、逆に、「大量のエネルギーが、この地球や宇宙をつくり出した根源にあるだろう」ということも分かるわけですね。

だから、これは、宇宙の秘密を探《さぐ》る意味で、避《さ》けられない問題だったと私は思う。

もちろん、その利用の仕方について、「原子力を平和利用できるかどうか」ということは大きな問題であり、これは、文科系の政治・経済面でのコントロールの問題であったと思うな。

私としては、日本に原爆《げんばく》が二発落とされ、多くの人が亡《な》くなったことは、心を痛めた大きな問題ではあるから、そういうことが、今後、世界で起きないように望んではおりました。

しかし、原子力の平和利用をやらなくては、それから先の段階のものが発明されるとしても、それが出てこられないことになると思うんですね。

近代社会には大きなエネルギーの安定的供給が要《い》る

アインシュタイン　原発に反対している人たちは、「昔に戻《もど》ればいい」と言うけど、エネルギーがなくなったら、どうするのか。「車をやめて、歩けばいい」とか、「人力車《じんりきしゃ》に乗ればいい」とか、そういう時代に行きたがっている人が、けっこう多いわけだね。

原発反対運動をやっているマスコミだって、電力を止《と》められたら、本当は困るのではないかと思うけどな。

まあ、新聞なんか、南洋の木材を切り倒《たお》し、木のチップを使って紙をつくり、それに印刷するけど、禿山《はげやま》になった所を、ずいぶんテレビなどで報道されたからね。

それに、今、電子書籍《しょせき》や電子ニュースが蔓延《まんえん》して、経営危機になろうとしているから、もしかしたら、電力を止めたいのかもしれない。そうしたら、「紙が復活する」ということになるので、時代を逆流させたいのかもしれないね。

全体的に見て、あまりにも、冷静さを欠く発言が多いように感じられます。だから、どう見ても、「全体の経済規模が小さくなってもいいから、もう自然を破壊《はかい》せず、人も死なない、縄文《じょうもん》時代のような、平和な社会を目指したい」と言っているように聞こえるよね。

その結果、日本の「一国平和主義」という考えに戻っていくんだろうけども、一国平和主義が成り立たなくなろうとしている。その危機について、左翼《さよく》系のものが言っていないことは、問題ではないかと思います。

原発をやめて、別のエネルギーを使っても、別の問題がたくさん出てきますよ。

アメリカもそうだけど、今、よそではバイオ関係の燃料を開発している。例えば、トウモロコシからエタノールをつくって、それを燃料に変えたら、クリーンエネルギーだよね。

あるいは、小麦からだってエネルギーはつくれるし、もちろん、コメからもエネルギーはつくれるわけです。コメからお酒ができ、そのお酒からエネルギーを取り出せます。

そういうことも、一部、行われてはいます。

ただ、トウモロコシは、アメリカでは家畜《かちく》の餌《えさ》にしかならないので、「それをエネルギーに変えたっていい」と言われるけど、世界では、十億人が飢《う》えて死のうとしているわけだから、「人間が十分に食べられる食料を、燃料に変えてしまう」ということに対する反発は当然あるよね。

同時に、食料を燃料用として大量に使うと、「その食料の原価が高騰《こうとう》する」という問題もあります。

また、小さな発電機をつくるとか、地熱《じねつ》発電とか、風力発電とか、それぞれ、試みとしてはよろしいんだけども、産業が、これだけ近代化して、大きくなっている以上、大きなエネルギーを安定的に供給できる仕組みをつくらないかぎり、社会が原始化して、昔に戻っていくことになるのは間違いないだろうね。

原子力をコントロールするのは「優秀《ゆうしゅう》な文系の頭脳」

アインシュタイン　反原発運動に対する考え方は、「どの立場に立つか」ということにもよるから、「日本は目障《めざわ》りなので、沈没《ちんぼつ》してしまえ。消えてしまえ」と思っている人から見れば、別に、まったく問題のない活動なのかもしれない。

ただ、私には、日本に負い目もあるし、日本が再び不幸な目に遭《あ》わないことを、心から祈《いの》っている者なので、「不幸になることにおいて、日本が最先端《さいせんたん》を切ってほしくはない」という気持ちはあります。

「原子力があるから、原爆ができるのだ」という考えもありましょうし、一般《いっぱん》の人の場合、知識が足りないから、「原子力が原爆になる」と考えるけど、大量破壊《はかい》兵器は原子力以外のものでつくれないわけではありません。だから、原発をやめても、それで世界が平和になるわけでは必ずしもないのです。

それに、今、原発は、コスト的にも、また、技術的にも、かなり一般化してきつつあるからね。

とりあえず、あなたがたは、中国や北朝鮮《きたちょうせん》の核《かく》ミサイル等に応戦しなくてはいけない立場にあるんでしょう？　そういう国に、「丸腰《まるごし》になれ」と言うことは、私には、できないですね。「日本は丸腰になり、さらに、アメリカも、原発ゼロ、核ミサイルゼロにして、平和になりましょう」というような運動には乗れないと私は思っています。

原子力をコントロールするのは優秀《ゆうしゅう》な文系の頭脳、すなわち、政治・経済や外交を行う人たちの頭脳だと私は思うんですね。私たちのような理系の学者にはできないけども、原子力は、有効に利用しようとすれば、できるわけです。

原子力は、軍事的には「抑止力《よくしりょく》」として使う以外にない

アインシュタイン　ただ、軍事的には、今のところ、「抑止力《よくしりょく》」として使う以外にないので、「核兵器が片方にだけあって、片方にない」という状態だと、かつてのヨーロッパが、アフリカを植民地にした原理、あるいは、中南米を侵《しん》略《りゃく》した原理と同じものになってしまいます。

要するに、弓矢で防衛している人たちは、相手に銃《じゅう》を持ってこられたら、完全に支配され、国ごと滅《ほろ》ぼされて、奴隷《どれい》にされてしまいます。アフリカ人は、奴隷にされ、人間ではないように扱《あつか》われ、売り飛ばされてしまったわけですが、

そういうことが起きるわけですね。

これがあるので、核兵器の廃絶《はいぜつ》を一方的には言えないんですよ。「このパワーバランスをどう保つか」「どのように世界を導いていくか」ということについては、文系の力がもう少し要《い》ると思うけど、原子力は、使い方によっては、どうにでも働くものだと思うんですね。

例えば、刃物《はもの》だって、人殺しもできれば、料理もできる。だけど、「刃物で人を殺した事例が出たから、刃物は、一切《いっさい》、使用禁止にしましょう。人を殺せない、先の尖《とが》っていない刃物しか、つくらないことにしましょう」ということになったら、お寿司《すし》屋さんをはじめとして、困る人が大勢出てくるだろうね。

そもそも、「そういう原理が成り立って使えるか」ということと、「それをどのようにコントロールするか」ということは、やはり別問題だと思う。

私は、今は、「核兵器が、邪悪《じゃあく》なる心を持っている国によって保有されることには反対だ」と思っております。それには反対です。

「彼らも、全部、核兵器をなくしていく」ということなら、全体がそうしても構わないとは思いますけども、なくす気がないことが、はっきりしている国があるなかで、その周りを丸裸《まるはだか》にしていくことには、やはり、賛成できません。

3 「世界一の原子力技術」を進化させよ

「高速増殖炉《ぞうしょくろ》もんじゅ」は夢のエネルギー原理

武田　昨年の東日本大震災《だいしんさい》のときに起きた福島原発の事故では、放射線漏《も》れによって亡《な》くなった方はいないにもかかわらず、「周辺一帯に人が住めなくなり、現在も十六万人の避難民《ひなんみん》がいる」という状況《じょうきょう》から、今、反原発運動が盛んになっているようです。

アインシュタイン博士《はかせ》は、今回の福島原発の事故を、どのように分析《ぶんせき》、そして評価されていらっしゃるでしょうか。

アインシュタイン　まあ、事故はいろいろと起きるのではないでしょうか。原発というか、エネルギー問題だけでなくてね。

それで言えば、交通の問題にだって、「列車ができて、人が轢《ひ》かれる」とか、「車ができて、人が死ぬ」とか、そんなことはたくさんありますよ。自転車だったら、ぶつかっても、人はそう簡単に死なないけど、オートバイや車になったら、死にますよね。

しかし、年に何千人もの人が死んでも、自動車をつくり続けています。日本は、アメリカの自動車産業を衰退《すいたい》させましたけれども、そのおかげで、毎年、何千人もの人が死んでいるわけです。

これは、戦争をしているようなものですけども、（自動車工場を）「殺人工場だ」とは言わないでしょう？

人は、やはり、知っているわけですよ。「何千人もの人が死んで不幸が生まれても、そのコストより、自動車を使えるモビリティー（移動性）というか、自由さによって得られる幸福のほうが大きい」と思って、そう言わずに、黙《だま》っているわけですね。

だから、「エネルギーの安定供給を確保する」ということと、「それによって被害《ひがい》が出る場合もある」ということとの、科学的なリスクの分析が必要だと思います。

先ほど、総裁が言われていたように、日本のエネルギー自給率は四パーセントしかありませんが、「そういう状況で、原子力を手放す」ということの意味は何なのか。

例えば、かつては炭鉱を掘《ほ》っていましたね。「そうした炭鉱を掘る強制労働に朝鮮人《ちょうせんじん》が使われた」ということで、韓国《かんこく》や北朝鮮等はいまだに文句《もんく》を言っていて、日本は責められているけども、掘ったら石炭がなくなるから、どんどん、どんどん深い所へ入っていく。そして、地下にはガスが溜《た》まったりしているから、よく爆発《ばくはつ》したりして、人がたくさん死にましたよ。でも、石炭は欲《ほ》しいから、代替《だいたい》エネルギーが出てくるまで、やり続けていましたよね。

その後、石油が潤沢《じゅんたく》に出てくるようになったら、石油に替《か》えるようになり、タンカーで石油を運ぶようになりました。これは、ありがたいことだけど、タンカーの場合、海の安全が侵《おか》されたら、止まる可能性があるし、中東戦争のようなことが起きたときにも、止まる可能性があるわけです。

要するに、日本は、天然ガスや石油、石炭が少し出ますけども、唯一《ゆいいつ》、自前のエネルギーとして期待できるのは、この原子力のところなのです。

今、問題になって、ちょっと不調のようですが、日本は、高速増殖炉《ぞうしょくろ》「もんじゅ」をつくっていますよね。

普通《ふつう》、石炭も石油も、燃えたらエネルギーとして使えないのに、（高速増殖炉の場合）核《かく》燃料を何度も再利用しているうちに、それが増えて、発電力が高まってくるのです。そこまで発明が行ったんですよね。夢のエネルギー原理を一つつくったのに、ナトリウム漏れの事故を起こしたことで、今は、停止していると思います。

しかし、科学には、こういう事故が付き物なので、やはり、事故を起こさないように注意しながら、研究開発をし、前へ進めていくことが大事だと思うのです。

政府が定《さだ》めている「放射線量の基準」は極《きわ》めて非合理

アインシュタイン　もちろん、避難民がいるかもしれませんけれども、「そこに住まなければいけない」という理由はないわけですから、これは、行政上の問題だと思います。

ほかの所に移ってもいいし、原発を再稼働《かどう》するなら、そこで働けるように環《かん》境《きょう》をつくってもいいし、税金を安くしてもいいし、やり方はいろいろあると思うんですよ。あるいは、「もうちょっと高い収入が得られるようなものをつくる」ということだって可能だと思うのです。

つまり、「住めるか、住めないか」というのは、行政判断なんですよ。「住もう」と思えば、住むことができるわけです。結局、日本政府は、「何が正しいか」が分からないでいるのだと思いますね。

ただ、「日本政府が、今、決めている放射線量の基準は、極《きわ》めて非合理なものだ」と、私は思っています。これは極めて非合理です。先の広島・長崎《ながさき》型の原爆のときの放射線被曝《ひばく》量に比べますと、もう、一千万分の一というぐらいの量なんですよ。

だから、勘違《かんちが》いなされている。あの原爆では、十万度の熱が出ましたかねえ。「ものすごい高熱と爆風」、それから、「建物の崩壊《ほうかい》、下敷《したじ》き」等によって、大勢の方が亡くなったわけです。

確かに、原爆の直撃《ちょくげき》で大量の放射線を浴びた人たちには、その後、後遺症《こういしょう》として残ったものがあるかもしれませんが、今回の事故で出ている放射線量は、もっとグーッと少ないものなのです。

しかし、多くの人たちは、今、「これから不幸（後遺症）がたくさん押《お》し寄せてくる」と、怯《おび》えているのだと思いますね。

想定を超《こ》える大地震《おおじしん》に耐《た》えた「日本の原発」は世界一の水準

アインシュタイン　それから、「断層があるから、どうこう」という議論もあるわけですけども、今回のように、「マグニチュード9・0の地震《じしん》が起きる」という想定は、福島原発にはなかったと思います。せいぜい6か、7ぐらいまでしか想定していなかったと思うのですが、（想定を超《こ》える）9・0の地震が起きても、原子炉の防護装置そのものは破壊されていないんですよ。つまり、

「発電が止まり、冷却《れいきゃく》装置が止まったことによって、冷却ができなくなった」という問題なのです。

だから、これは、冷却の予備システムを増強することによって、逃《のが》れられる問題だと思いますね。

日本の原子力技術は世界一なんですよ。これを、さらに進化させることが大事です。チェルノブイリも、スリーマイルも、原子力技術としては、日本より劣《おと》る技術でやっていたんですよ。

土地が広大な所というのは、だいたい、ずさんなのです。土地が広大だと、「事故が起きても、動物が死ぬ程度で、人間にはほとんど影響《えいきょう》がないだろう」と思ってやっているので、研究の緻密《ちみつ》度がすごく低いんですね。

一方、日本は、人口密度が高く、影響が出やすいので、非常に細心なところ

郵便はがき

料金受取人払郵便

赤坂局承認

8228

差出有効期間
平成29年11月
30日まで
(切手不要)

1 0 7 - 8 7 9 0

112

東京都港区赤坂2丁目10−14
幸福の科学出版(株)
愛読者アンケート係 行

ご購読ありがとうございました。
お手数ですが、今回ご購読いただいた書籍名をご記入ください。

書籍名

フリガナ お名前	男・女	歳
ご住所 〒 都道府県		
お電話( ) −		
e-mail アドレス		
ご職業 ①会社員 ②会社役員 ③経営者 ④公務員 ⑤教員・研究者 ⑥自営業 ⑦主婦 ⑧学生 ⑨パート・アルバイト ⑩他( )		
今後、弊社の新刊案内などをお送りしてもよろしいですか? (はい・いいえ)		

愛読者プレゼント☆アンケート

ご購読ありがとうございました。今後の参考とさせていただきますので、下記の質問にお答えください。抽選で幸福の科学出版の書籍・雑誌をプレゼント致します。(発表は発送をもってかえさせていただきます)

1 本書をどのようにお知りになりましたか?

①新聞広告を見て [新聞名:]
②ネット広告を見て [ウェブサイト名:]
③書店で見て　④ネット書店で見て　⑤幸福の科学出版のウェブサイト
⑥人に勧められて　⑦幸福の科学の小冊子　⑧月刊「ザ・リバティ」
⑨月刊「アー・ユー・ハッピー?」　⑩ラジオ番組「天使のモーニングコール」
⑪その他 ( )

2 本書をお読みになったご感想をお書きください。

3 今後読みたいテーマなどがありましたら、お書きください。

ご感想を匿名にて広告等に掲載させていただくことがございます。ご記入いただきました個人情報については、同意なく他の目的で使用することはございません。

ご協力ありがとうございました。

まで研究しています。この技術を、今、捨てるのは、どうかな?

そうすると、今度は、中東のウエイトがものすごく高くなってくると思いますよ。その場合、中東に対抗《たいこう》できるかどうか、分からないと思います。実際のところ、原発は、四次にわたる中東戦争による石油危機(オイルショック)を経験して、つくってきたものですからね。

また、少なくとも、日本は、「中国の核ミサイルおよび北朝鮮の核ミサイルに対して、どうするのか」ということを、はっきり政策決定しなければいけないと思いますよ。

二〇三〇年代までに原発をなくすのはいいけど、「中国と北朝鮮の核ミサイルについてどうするのか」ということですね。

「アメリカのほうまで、脱《だつ》原発にさせてしまうつもりなのか。自分の友邦《ゆうほう》国は全部そうして、敵対国のほうは放し飼い状態で行くのかどうか」を決めないといけません。これは、もう文系の仕事だと私は思いますね。「避難民がいる」と言うけど、これも行政の問題なんですよ。「戻《もど》そう」と思えば、別に戻しても構わないと思います。

今ぐらいの放射線量だったら、全然、健康に問題はないです。

結局、原発事故のあとを見られたくないのでしょう。自由に、人が入ったり、取材されたりして、いろいろなことを報道されるのが嫌《いや》で、人を追い出しているのだと思います。全体を、もうちょっと覆《おお》い隠《かく》せるようにするために、追い出しているのだと、私は思いますけどね。

地震《じしん》が起きたら、原子力施設《しせつ》を宙に浮《う》かせればいい

武田　そうですね。日本には、福島の原発事故を、まるで、旧ソ連で起きたチェルノブイリの原発事故ですとか……。

アインシュタイン　そうそう。

武田　先ほどおっしゃられた、広島や長崎に落とされた原爆と同じように扱《あつか》っている風潮があります。

アインシュタイン　いやあ、ソ連のものは、技術がひどかったのでね。とにかく、当時のソ連は、日本の約六十倍もあるような広大な土地を持っていましたので、森林が丸ごとなくなったって、別に構わなかったのでしょう。人口もまばらだったので、人が移動すれば済んだのです。アメリカだって、国土は広大ですからね。

しかし、日本人の技術は緻密ですので、必ず、地震《じしん》と津波《つなみ》の対策は立つし、「もし断層が下に走っていたら、どうするか」ということだって、研究すれば、必ず乗り越《こ》えることはできると思います。

要するに、地震のときに、放射能漏れを起こさずに、上手《じょうず》に機能停止するようにすればいいわけでしょう？　あとで修復する仕方をつくればいいわけでしょう？　それだけのことですよね。

例えば、「断層があって、マグニチュード9・0のような巨大《きょだい》な地震が来る」というのであれば、「リニアの原理を使って、地震のときだけ、原子力施設《しせつ》を宙に浮《う》かす」とか、ほかの方法だってないわけではないのでね。

とにかく、すでに、そうとうな設備投資や研究投資をしてきているものを、感情的に、全部、パッとなくすものではないですよ。

原発をなくすと、あなたがた日本人が好きな刺身《さしみ》や寿司《すし》も、食べられなくなるでしょう。漁船は油をすごく食いますから、今、赤字になっていると思いますけど、原発をなくせば、油の値段がもっと上がりますよ。

この国にとって、エネルギーの供給というのは、もう、産業の米のようなものであり、非常に重要だと思います。今、電気がなかったら、トヨタの工場だろうが、何だろうが、どこも動かないのでね。

今、尖閣《せんかく》問題で、「海底資源が安定的に採《と》れない」ということが見えてきているんですよ。「『百年分ぐらいのエネルギーになるかもしれない』と思われているものが、採れないかもしれない」という事態が出てきているんですよね。

4　原子力は「無限の富」を生む

「菅《かん》首相の潜在《せんざい》意識」が原発事故を引き寄せた

武田　原発に関連して、あと二つご質問したいのですが、よろしいでしょうか。

アインシュタイン　はい。

武田　一つは、先ほど、「事故は付き物であり、それに対しては、技術を進歩させて安全にしていくことが大事である」というお話がありましたが、国民の感情論としては、「事故といっても、原発の場合、あまりにも破壊力《はかいりょく》があるために、もしものことを考えると、推進できない」という声もあります。

アインシュタイン　うんうん。

武田　もう一つは、「今回は、放射線量がそもそも少ないので大丈夫《だいじょうぶ》だ」とのことでしたが、多くの国民は、放射線に対する理解がないために、放射性物質が飛散していることについて、必要以上の恐怖心《きょうふしん》を持っていると思うのです。

この二点に関して、博士《はかせ》は、どのようにお考えでしょうか。

アインシュタイン　まず、最初のほうの国民の感情論ですけども、これは、現在の民主党政権と大きな関係があると思いますね。主として、菅《かん》首相のときの恐怖が、大きな影響《えいきょう》を与《あた》えていると思うんですよ。

首相自らが陣頭《じんとう》指揮を執《と》っていたときに、原発事故が起き、ものすごい恐怖を味わった。「このままでは、首都が〝吹《ふ》っ飛ぶ〟。東京都民がみんな死んでしまう。『東京から全員退避《たいひ》せよ』という退避命令を発令しなきゃいけないんじゃないか」というようなことが頭を巡《めぐ》って、夜も眠《ねむ》れなくなった。彼は、そういう恐怖体験をしているので、（原発への恐怖心の）発信源は、ここにあります。

だけど、そもそも、この人は市民運動家であり、若いころから反原発の人なんですからね。そういう人は、心の奥底《おくそこ》では事故を望んでいるんですよ。原発が怖《こわ》くて、市民運動をやっているような方は、事故を引き寄せるのです。

したがって、菅さんのような人は、人々の命を預かるような立場に立たないことが大事でしょうね。

こういう人はね、何に対しても、一緒《いっしょ》なんですよ。

例えば、「無農薬なら安全だ」と思って、化学薬品や農薬を使っている野菜を、一切《いっさい》、食べない人がいます。「『農薬は体の害になる。無農薬なら安全だ』と思っているけれども、あなたがたは、虫がたくさん付いている野菜を本当に食べるのですか?」ということですよね。

「無農薬は安全だ」という〝信仰《しんこう》〟を持っている人は、「ミミズが生きているということは、人体にも安全なんだ」と考えるわけです。ところが、一般《いっぱん》には、菌《きん》とか虫とかは、人体には有害なものなんですよ。

要するに、農薬が発明されることによって、農業は虫の被害《ひがい》から逃《のが》れることができて、安定的な食糧《しょくりょう》の確保ができるようになったんですよね。

だから、今、アフリカとか、その他の地域に農薬がきっちりと入れば、本当は食糧の増産が可能になります。だけど、危険性だけを指摘《してき》したら、使わないようになりましょうね。

日本にも、「無農薬ならいい」とか、「ミミズがこんなに生きています」とか言う人がいますけど、それは、「殺菌作用はない」ということでもあるわけですから、実に怖いことですね。

これは、思想の選択《せんたく》の問題だと思うのですが、「菅さんのように、反原発を若いころからやってきたような人が総理のときに、原発事故が起きた」ということには、一つの符合《ふごう》があると思いますね。つまり、「恐《おそ》れるものを呼び寄せた」ということです。

やはり、「原発事故で、日本が破壊されることも、国民が死ぬこともない」と信じているような人が首相になったら、よろしいのではないでしょうか。その上で、積極的に解決しようとすれば、何でも解決できるんですよ。

今、精神性による恐怖症《しょう》というものが、ものすごく流行《はや》っていますが、やはり、これではいけないですね。

「放射線を中和する方法」の発明は二〇三〇年代までかからない

アインシュタイン　あと、「放射性物質が出て、拡散している問題をどうするか」ということですけども、科学が、次に取り組むべきことは、放射線を中和する方法でしょうね。それを研究することが大事です。原子力発電をするなら、です。

「それを中和するにはどうするか」という研究を、もう一段、行えばいいわけです。

すなわち、放射能漏《も》れが起きたときに、その放射線を中和する設備を、原子力発電所の周りにつくることが大事ですね。

そのためには、科学者に対して、「火事のときに、消防車が放水したり、ヘリコプターから化学消火剤《しょうかざい》をまいたりして火を消すように、放射線を中和するものを発明せよ」と命じたらいいのです。科学者に命じたら、必ず発明しますよ。

放射線を中和するものは必ず発明できます。それは、二〇三〇年代まで、かかりません。もっと早いです。

武田　そちらのほうがいいですね。

アインシュタイン　はい。こちらのほうが早いです。

「放射線の適正な調整」ができないなら、宇宙には出られない

武田　「低線量の放射線は人体に有益だ」という、放射線のホルミシス効果を説いている人もいるのですが、このへんはいかがでしょうか。

アインシュタイン　今、医学では、「核《かく》医学」というものを、たくさんやっていて、みんな、放射線を浴びているわけです。人体を調べるのに、X線を使っ

ていますが、あれも放射線ですよ。医学で使っているものですから、これは安全でしょうね。だから、微量《びりょう》であれば、安全だと思うし、ラドン……。

武田　ラドン温泉ですか。

アインシュタイン　ラドン温泉等も、放射線を帯びているものですから、微量であれば、これも安全なものですね。

高熱を発して大量に出るようなものが有害なのは、何であっても、一緒なのではないでしょうか。

例えば、うどん屋で、うどんを食べていても、うどんを煮込《にこ》んでいる大鍋《おおなべ》が引っ繰《く》り返って、頭からお湯をかぶったら、やけどをして入院しますよ。まあ、同じです。

やはり、「適正な調整をする」ということが大事ですね。

でも、このへんが突破《とっぱ》できないようだったら、人間は宇宙に出ることはできません。いかなる危険があるか、分からないですからね。宇宙には、いろいろな放射線が飛び交《か》っていますよ。未知の放射線もたくさんありますから、それで死ぬ人も、病気になる人も出てくると思いますよ。

日本人全体が萎縮《いしゅく》して、チャレンジ精神をなくしていくのは、大きな問題だと思います。

積極的に立ち向かえば「原発問題」は必ず乗り越《こ》えられる

武田　博士からご覧になると、福島原発の一帯は、「ほぼ安全」と言いますか、「危険ではない」ということになるわけでしょうか。

アインシュタイン　だから、「理系の人を総動員して、対策を立てよ」ということですね。

とにかく、みんな、「あっち行け！　ホイ」で、この問題を誰《だれ》かに投げようとしているから、それで、ホットポテト（厄介《やっかい》な問題）になっているのでしょう？　誰も、自分が長く持たないように、「投げて、どこかへやる」というようなことばかり、やっているんですからね。

しかし、もうちょっとポジティブに考えれば、原子力は「無限の富」を生むものなのです。実は、「富の塊《かたまり》」なんですよ。「電力を半永久的に供給できる」というのは、富を生んでいるのとほとんど一緒なのです。

中東に、石油が何億年もずーっと眠っていたとしても、それに利用価値があることが分からないうちは、石油は、ただの黒い水にすぎなかったんですよ。ただの飲めない水です。飲んだら、体を悪くして、死んでしまうかもしれない水だった。もし火がついたら、火事が起きたりする、たいへん危険なものだった。それを、今、有効利用しているのでしょう?

やはり、積極的に立ち向かうべきだと思いますね。必ず乗り越《こ》えられると思います。

武田　分かりました。では、質問者を替《か》わらせていただきます。

5 原子力を超《こ》える「新エネルギー」の可能性

代替《だいたい》エネルギーとして可能性が高いのは「重水素」

大川真輝　本日は、ありがとうございます。

アインシュタイン　はい。

大川真輝　私は、先日、幸福の科学の学生局の活動に参加し、今、反原発デモを行っている人々に対する思想戦として、『大江健三郎《おおえけんざぶろう》に「脱《だつ》原発」の核心《かくしん》を問う』と『核か、反核か』（幸福の科学出版刊）をスプレッドしてまいりました。

それに対する反発というか、反応にはすさまじいものがあり、「原発推進の幸福の科学は敵だ！」という、ものすごい非難を受けながら配らせていただいたのですが、そのときに、「人殺し！」と言われたことがありました。

その人に対して、「では、福島の原発事故で、いったい何人が亡《な》くなったのですか」と訊《き》いたら、「何万人も死んでるよ」という答えが返ってきて……。

アインシュタイン　ハハハハハ……。

大川真輝　事実認識が、ちょっとおかしくなってきているように思います。

それで、彼らに、「原発をゼロにしたときに、代替《だいたい》エネルギーをどう確保するのですか」と問うと、いつも、「それはわれわれの考えることではなくて、政府が考えることだ」と言われるのですが、それは非常に無責任ではないかと感じるのです。

そこで、アインシュタイン先生がお考えになる、原子力を超《こ》える新エネルギーなど、代替エネルギーの可能性について、お教えいただければと思います。

アインシュタイン　まあ、ありうるとしたら、やはり、いちばん近くに見えているのは、重水素（^{2}H）かと思います。

あなたがたは、H_2Oという水の分子式を知っていると思いますけども、$^{2}H_2O$（重水）というものがあるんですよ。

そういう、ちょっと異質なものがあるのですが、この重水素は、海水のなかに一定の比率で含《ふく》まれており、これを取り出して核融合《ゆうごう》反応を起こすときに、莫大《ばくだい》なエネルギーが発生するはずです。

ただ、研究過程で事故の危険性が出てくるのは同じだと思いますね。

今は、やはり、分子構造を組成変換《へんかん》することによってエネルギーを開発するのが、基本の方法だと思うのです。

先ほど言ったように、トウモロコシだとか、麦だとか、お米だとかは、みな、昔からアルコールに変えられるもの、要するに、お酒に変えられる可能性のあるものですね。穀物で、お酒に変えられる可能性のあるものは、みな、エネルギーに変えられるわけなので、お酒をさらに進化させていけば、燃えるものになります。

分かりますかね？　要するに、ウイスキーだって燃えるでしょう？　アルコールの濃度《のうど》が上がれば燃えるので、純度を高めていけばエネルギーに変わるんですよ。

だから、まあ、このへんも私の考えと同じですけど、結局、この世のものは、全部、エネルギーに変わるわけなんですね。

「自然エネルギーによる発電」には効率的に見て無理がある

アインシュタイン　「必要な電力を供給する」という観点では、風力発電は、まず、基本的に無理だと思います。風力発電には設備投資がものすごくかかるけれども、現実には、ものすごい障害物になるでしょうね。

今、例えば、「干潟《ひがた》を守れ」とか、「水門を下ろさせない」とか言っているような段階で、風力発電の設備をつくったらどうなるか。

風が強いのは海岸線なので、風力発電は、基本的に海岸線が中心になると思いますが、風力発電の設備が、日本列島の周りにズラーッと並んでいる状況《じょうきょう》を考えたら、これは大変だと思うし、故障を直すのも大変ですよ。それから、いろいろな漁業被害《ひがい》も出るし、漁船の通行被害も出ると思います。

また、太陽光パネルは、日本のような土地の狭《せま》い所では、基本的にあまり有利な政策ではないと思います。それこそ、暑くて暑くてかなわないような、広大な砂漠《さばく》がある国などであれば有効だと思いますけどね。

例えば、熱帯に近いような国で、発電や送電の設備が十分にないような所はありますし、今、日本は中国に太陽光パネルを売り込《こ》んでいるはずですよ。要するに、中国の奥地《おくち》に送電線を敷いて電力を送ることはできないので、日本が売り込んでいるはずです。太陽光パネルで太陽光を受ければ、一家が消費するエネルギーぐらいはつくり出すことができるため、そういう所でも電灯がつくようになったんですね。

ところどころにポツポツと村落があるような所には、送電に費用がかかるから、政府はやりたくないわけですよ。そういう、今まで政府が全然やってくれなかった所で、今、太陽光発電をやっています。

基本的に、太陽光発電は、そういう村落とか、孤立《こりつ》した家とか、送電コストがかかりすぎるような所には有効性があると思いますが、大きな産業を支えるという意味では、ちょっと無理があるのではないかと思いますね。

あとは、「人工衛星を打ち上げて、太陽の光を浴びて発電し、地上に電力を供給する」という考えもありますけど、これにも、おそらく、ものすごい発明コストと、失敗のコストがあるだろうと思われますねえ。

さらに、考えられているのが、「大きなダムでは、お魚さんが迷惑《めいわく》するから」ということで（笑）、「小川の水の流れを利用して小さな発電をしていく」というものもあります。しかし、全国の川に、そんなものがたくさんあるのは、たまらないでしょうね。たぶん、景観の問題が出てくるでしょう。

また、地熱発電というものもあります。「地熱を取り出して発電する」ということですが、これも、おそらく、エネルギー効率的には、そうとう厳しいものがあるだろうと思われますね。

これができるぐらいでしたら、伊豆《いず》の温泉のお湯を、全国にパイプで引くぐらいのことができるのではないかと思いますね。つまり、「伊豆の温泉のお湯を、パイプで東京まで供給すれば、東京ではガスでお湯を沸《わ》かす必要がなくなる」などと言っているのと、似たようなものかと思います。

たぶん、地熱発電も、日本の地形から見て、それほど大きな規模のものはありえないのではないかなと思いますね。

原子力から撤退《てったい》したら、あと百年は石油が使われるだろう

アインシュタイン　あとは、炭などの燃料に戻《もど》っていくかたちでしょうか。でも、自動車が昔返りして木炭車に戻っていったりすると、またCO_2の問題が出てくるでしょうね。
今、いちばんエネルギーを取り出しやすいのは、やはり、ウランなので、これを使っているわけですけども、まあ、「ウランではないもので、同じようはな

ものがあるかどうか」という研究ですよね。

もちろん、水爆《すいばく》というのは、すでにありますので、そういうものもありうると思うし、おそらく、水素エネルギーのほうにシフトがかかってくる可能性は高いと思います。

水素はクリーンなのでね。要するに、水素を燃やしても、水ができるだけですからね。

今、ちょっと、そういう車が走っていますよね。水素を燃料にしていて、水が出るだけで無公害の電気カーですか？　それが走っていて、水素の〝ガソリンスタンド〟を建てて、水素を供給し、水素を燃やして、水蒸気が出るだけで走れるかたちになっています。

けれども、実は、水素も本当は怖《こわ》いのです。巨大《きょだい》な水素タンクをあちこちにつくった場合、テロでもやられたら極《きわ》めて危険なことになるでしょう。これは、テロ攻撃《こうげき》にすごく弱いですよ。また、各家庭に備え付けた水素タンクを攻撃されれば家が吹《ふ》っ飛びますからね。非常に危険度は高いと私は思いますね。

あと、未知のエネルギーとしては、そうですね……。

まあ、おそらく、宇宙の探検も、「何か新しいエネルギーを生む鉱石のようなものを発見できないか」ということを、いちばんの狙《ねら》いとして飛んでいるのだろうと思うんですよ。「地球にはない、エネルギーを生む鉱石のようなものを発見できないか」と考えているのではないでしょうか。

ただ、石油も、昔は、「四十年しかもたない」と言われていたのに、「まだまだあるらしい」ということが分かっていますので、これも、まだまだ使われるだろうとは思います。基本的には、もし原子力から撤退《てったい》したら、まだ百年ぐらいは石油が使われる可能性が高いでしょう。

石油の場合、採《と》ってきてから、ちょっと精製する必要はありますが、精製の具合によって、いろいろなかたちのエネルギーになりますし、プラスチックもつくれますので便利です。

基本的には、「石油の力が強くなってくる」と見てよいのではないでしょうか。おそらく、そちらのほうが、全体的に見て有利だと考えられますね。

だから、物理学的な意味での新しいエネルギーの抽出《ちゅうしゅつ》ということになりますと、未知の危険は（原子力と）同じようにあるのではないかと思います。

大川真輝　ありがとうございます。

6　日本が考えるべき「抑止力《よくしりょく》」とは何か

軍事技術に差がある場合、必ず「属国化」される

大川真輝　もう一つ、反原発運動をしている人々に明確に欠けている視点として、原子力発電所の持つ「抑止力《よくしりょく》」というものがあると思います。

日本で原子力発電所が最初にできたのは東海原発ですが、もともとはアメリカから技術を提供してもらう予定だったものが、燃料のウランからできるプルトニウムを日本が保有することをアメリカが拒《こば》んだため、イギリスから技術をもらうというかたちで始まりました。

つまり、「原子力発電所を最初に開設するときに、日本が将来的に核《かく》武装をするためのキーとして原子力発電所が考えられていた」という事実が明らかになっていますが、現在、中国は、「二〇三五年までに、原発を二百三十基つくる」と言っているのに対して、日本は、「二〇三〇年代までにゼロ基にする」と言っております。

これでは、抑止力という面においても、すなわち、「将来的な核武装の可能性をなくす」という意味でも、国力の差が明らかに出てきてしまうと思います。

この点に関して、ご教示いただければと思います。

アインシュタイン　尖閣《せんかく》諸島に関して、はっきりと「日本のものだ」と言って実効支配をしていても、中国のほうが、口だけで、「中国固有の領土だ」「中国の核心的利益だ」と言ったら、中国のものになってしまうのでしょう?

それで、中国では、日本の中国大使の車を襲《おそ》って日の丸を奪《うば》ったり、日本の国旗を焼いたり、暴動を起こして日本商店を襲ったり、上海《シャンハイ》ではラーメンを頭にかけたりすることが起きるけども、中国人が日本に買い物に来ても、別に何も被害《ひがい》を受けないわけです。こういう国民性の違《ちが》いがありますね。

中国は、基本的に、脅《おど》してケンカをするのが得意な国です。したがって、「核ミサイルを撃《う》つぞ」と言われただけで、日本は、外交的に、ほとんど無力になりますよね。

「言うことをきかなければ、そうなる」ということになると、日本には、向こうの傘下《さんか》に組み入れられる以外に方法がなくなります。

軍事的な技術力に差がある場合、必ず、植民地化というか、属国化されます。

世界の歴史は、それ以外にないことを示しているんですよ。つまり、武器効率の高いものを持っている者には、絶対に勝てないのです。

例えば、弓矢では、機関銃《じゅう》には絶対に勝てないし、地上でいくら剣《けん》を振るうのが強くても、戦闘機《せんとう》で攻撃《こうげき》をかけられたら勝ち目はありません。武器効率のより高いものをつくられたら、もう、それで終わりなんですね。

だから、「このままで行く」と言うのであれば、日本は、「核ミサイルや核爆《ばく》弾《だん》等を使わずして、向こうの核兵器を無力化するような兵器」を発明しなければいけません。そうしなければ、必ず、中国に隷属《れいぞく》することになる。私から見ても、当然、そうなると思います。

非常に言いにくいことですが、「日本は、白人に支配されたアメリカインディアンと同じ立場になる」ということです。

もともとアメリカインディアンの国であったアメリカは、メイフラワー号で逃《のが》れてきた清教徒《せいきょうと》のわずかな白人の種《たね》を中心にして、いつの間にか、全部が白人の国になっていきましたよね。

それと同じようなことが起きるでしょう。

まあ、人間は、ひどいことをしているわけですよ。

ヨーロッパはキリスト教国ですけども、千何百年もキリスト教が広がっていて、愛の教えが説かれているにもかかわらず、彼らは、「黒人には魂《たましい》がない。あれは猿の仲間だ」と考え、アフリカの人たちを奴隷《どれい》としてアメリカにどんどん売りました。要するに、綿花栽培農業で、家畜《かちく》代わりに安く使いたいために、黒人を奴隷として入れたわけですよね。

核《かく》武装をしないのなら、「ロボット型の戦力」と「敵の核ミサイルを無力化する方法」を開発せよ

アインシュタイン　（中国に）対抗《たいこう》するとしたら、一つは「ロボット型の戦力による防衛」を考えなければいけない。要するに、人間の数が足りませんのでね。

それと同時に、「敵の攻撃《こうげき》兵器を、どうやって無力化するか」という観点での科学的発明が必要です。それを命じられたら、科学者は何かを考えるだろうと思うんですね。

核《かく》ミサイルといっても、今は、ほとんどがコンピュータによって制御《せいぎょ》されていて、コンピュータから発信される電波の指示によって動いているわけです。

簡単に言えば、人工衛星と、それにつながっている地上の電波局や電波塔《とう》によって制御しています。

あるいは、アメリカ等であれば、イージス艦《かん》という情報艦を持っていて、例えば、「原子力兵器をどこに撃《う》ち込《こ》むか」という、コースの設定から誘導《ゆうどう》まで、全部、イージス艦がコントロールしています。

基本的に、核ミサイルは誘導型で飛んでいるので、この誘導システムを破ればいいわけです。「核ミサイルで防衛しない」ということであれば、この誘導システムのところを断《た》ち切る方法を考えることでしょうね。

つまり、彼らの誘導システムに打ち勝つだけの、コンピュータウイルスを超《こ》えるもう一段強力な〝ワクチン〟をつくることでしょうね。そちらのほうで防衛すればよいと思います。

要するに、向こうの人工衛星からの操作や、地上からの誘導を無力化し、ミサイルを発射しても、まともに飛ばないようにすればいいわけです。

「起爆《きばく》装置付きの核爆弾《かくばくだん》」を仕掛《しか》けられたら、まず防げない

アインシュタイン　ただ、これでも、まだ、「直接、爆弾《ばくだん》のかたちで落とす」というスタイルはありえますし、「起爆装置を付けて運び込《こ》む」という手もあります。

例えば、北朝鮮《きたちょうせん》が、ミサイルの先に小型化した核《かく》弾頭を付けて日本に発射することが、もし技術的に可能にならなかったとしても、「夜陰《やいん》に乗《じょう》じて日本海側に上陸する」ということは可能です。彼らは、何度も人さらいをして訓練し

ていますからね。

起爆装置付きの核爆弾というのは、ある程度の大きさに縮めることはできますので、普通《ふつう》のカーゴ（貨物）というか、コンテナに入るぐらいの大きさに凝《ぎょう》縮《しゅく》することは可能だと思います。

さらに技術的に進めば、アタッシュケースに入るぐらいまで凝縮することもできます。アタッシュケースに入った起爆装置付きの原爆であれば、夜陰に乗じてゴムボートで日本海側に上陸し、要衝《ようしょう》に忍《しの》び込んで、それを仕《し》掛《か》け、彼らが逃れたあとで起爆装置を作動させれば、爆発させられるわけです。

それを止めるのは、ちょっと難しいと思いますし、ああいう北朝鮮のような国だったら、仕掛けた人は逃れることなど考えていない可能性もあります。

「仕掛けた場所で起爆ボタンを押《お》して死ね」と言われることもあるので、この場合であれば、遠隔《えんかく》からの無線誘導システムを妨害《ぼうがい》することも無力になります。「その場で押して死ね」と言われたら、確実にぶち込めるでしょうなあ。

日本の海岸線は長いので、これは防げないだろうと思いますね。もし、核爆弾のアタッシュケース化というか、そこまでのコンパクト化に成功した場合、基本的に、どこででも爆発を起こせます。

したがって、「東京のある場所に核爆弾を仕掛けた。日本が、こちらの提示する条件を呑《の》まなければ、何十万人もの人が死ぬことになるだろう」と、平壌《ピョンヤン》放送でアナウンスされたら、ほぼ、お手上げ状態になるでしょうね。

その爆弾を警察等が発見し、それをヘリコプターでぶら下げて太平洋に投下することができなければ、そうなります。

これでは、ほとんど映画の世界になってしまいますが、そういうことはありうるでしょう。

結局、米ソの冷戦のときにもバランス・オブ・パワー（勢力均衡《きんこう》）があったように、日本は、もう少し効率のいい武器をつくってもよいとは思いますね。

やはり、インディアンのようにされないことを、国家としては、当然、考えなければいけないのではないかな。これだけの経済規模で、世界の富が集まり、高度な文明の栄えている国が、簡単にはなくならないようにしたほうがよいのではないでしょうか。私はそう思いますけどね。

大川真輝　ありがとうございます。

7　さらに加速する「大中華帝国《だいちゅうかていこく》の野望」

オバマ大統領と鳩山《はとやま》首相の登場で始まった「日米崩壊《ほうかい》の序曲」

大川真輝　現在、日本では、もう一つの左翼《さよく》運動として、オスプレイ配備に対する反対運動が起こっています。

オスプレイ反対運動も反原発運動も、同じ人々がやっているようなのですが、私には、どちらも、「中国からの工作員が入っている反米運動」のように思われます。

かつて、一九五〇年代に、アメリカの水爆《すいばく》実験によって被曝《ひばく》した第五福竜丸《ふくりゅうまる》事件が起きたとき、旧ソ連の工作員が日本にそうとう入って、広島・長崎《ながさき》の原爆の被害を反米のシンボルとして利用しました。

当時も、三千万人の署名を集めようとしたりしていて、脱《だつ》原発で一千万人の署名を集めようとしている現在の状況《じょうきょう》は、それと非常に似ていると言われています。そのように、福島の原発事故が、ある意味で、反米のシンボルのような利用のされ方をしているように見受けられます。

要するに、今、アフリカ等で広がっている反米運動が、日本でも広がりつつあるように思われるのですが、この点について、何かコメントを頂ければと思います。

アインシュタイン　いや、それはもう、企画《きかく》・演出をしている者がおりますね。

それは、推理小説と同じで、それによって利益を得るところを考えれば簡単に分かることです。

中国は、表向きに発表している計画よりも、さらに速度を上げるつもりでいるようですね。

アメリカでオバマ民主党政権ができたあと、日本にも民主党政権ができたので、彼らは、千載一遇《せんざいいちぐう》のチャンスを得たわけです。要するに、「中国に対して弱腰《よわごし》の政権ができた」ということですよね。

オバマさんは、原発や核《かく》ミサイル等に否定的なことを言ってノーベル平和賞をもらっておりますし、今は、事実上、ヒラリー・クリントンさんが外交を仕切っている状況になっています。

さらに、オバマさんの父親は、ケニア出身の黒人であり、イスラム教徒であるのは、ほぼ確実です。そして、オバマさん自身、「父親がハワイ留学中にできた子供だ」と言われているけども、インドネシアにもいたことがあって、そのときには、イスラム教系の学校に通ったのではないかとも言われています。まあ、これは隠《かく》されていますが、こういう部分が、オバマさんのイスラム教国に対する弱気の政策として出てきていると思います。

このへんに彼の弱点が出てきていると思うので、「オバマ大統領の登場が、アメリカの没落《ぼつらく》を招く」という幸福の科学の予言は、当たっていると思いますね。

それと同時に、鳩山《はとやま》さんが出てきたことで、「日米崩壊《ほうかい》への序曲」が始まってしまったわけです。

これは、善意から始まっているから、本当に怖《こわ》いのです。平和主義や理想主義？　鳩山さんは「友愛」だったのでしょう？　そういう善意から始まっているので、あなたがたも気をつけなければいけないんだけど、「みんなが幸福で、友愛に満ちて、友達になれたらいいな」というのは、もちろん宗教的な理想だし、道徳的な理想です。

しかし、現実にやっていることについて、リアリスティックに見る目を持っていなければ、やはり、政治家としては駄目《だめ》ですよね。

「核《かく》武装をしている大国」には手が出せない

アインシュタイン　日本では、「左翼《さよく》は平和勢力だ」というマスコミによる洗脳が、戦後ずーっと続いてきたけど、ここまでつき通した嘘《うそ》を、もう引っ込《こ》められなくなっているわけですね。

しかも、彼らが「平和勢力だ」と思っていた旧ソ連や中国は、平和勢力どころか、ものすごい独裁国家であり、「国家が大きな力を持ち、大きな軍備を持ちながら、人民を独裁していた」ということが、もう明らかになっているわけです。

小さな国の場合は糾弾《きゅうだん》できるんですけどね。人口が二千万や三千万ぐらいの国だったら、独裁者がドクロを二百万体も出したりしたら、糾弾は可能です。例えば、カンボジアのポル・ポトのような独裁者は、知識人を二百万人も殺しました。

しかし、中国が何千万人もの人を殺したり、旧ソビエトが同じく何千万人もの人を殺したりしたら、もう、他の国は手が出せない。なぜか。核武装《かく》をしているからですよ。

その意味では、毛沢東《もうたくとう》などが、今の北朝鮮《きたちょうせん》の先輩《せんぱい》として、「国民が食べられなくても、核兵器をつくれ」と言って核開発をしたことが、やはり、中国を強国にしたことは事実でしょうね。

中国では大勢の人が飢《う》え死にしましたが、「国民を飢え死にさせてでも核兵器をつくった」ということが、大国の条件となって、アメリカは、今、中国の核の力を恐《おそ》れてきているわけです。

そして、暴《あば》れてみせることにより、「中国というのは、クレージーに動くから、何をするか分からないぞ」と脅《おど》しているのです。

中国にビジネスで行っているアメリカ人や、韓国《かんこく》にビジネスで行っているアメリカ人、日本に来ているアメリカ人等だって、日本や韓国に米軍基地はあるけども、「日本に向けて核兵器をめった撃《う》ちにするぞ」と言われたら、逃《に》げ出す可能性はあります。

パトリオットミサイルなどで撃ち落とすにしても、日本で撃ち落とすよりもグアムで待ち受けたほうが、自分たちがやられる可能性は少ないでしょう。あるいはハワイで待ち受けてもいい。遠ければ遠いほど、時間を稼《かせ》げるから、撃ち落としやすいでしょうな。

けれども、日本あたりだと、逃げられない可能性がありますよね。

中国が考えていることには「野蛮性《やばんせい》」がある

アインシュタイン　「今の勢力図を変えよう」というのが、中国の大きな国家戦略だと思いますが、これは、思いのほか進んできています。中国は、今、オバマ政権が後手後手《ごてごて》になっているので、アメリカに先行して、アフリカや太平洋のいろいろな島々に中国の拠点《きょてん》をつくりに入っているわけです。そのため、尖閣《せんかく》問題のようなものを、今、世界中で起こしているのです。

中国は、「あわよくば、ヨーロッパも支配したい」という気持ちを持っています。つまり、ヨーロッパが金融《きんゆう》危機を起こし、中国がそれを助けることができれば、何らかの〝担保〟が取れますのでね。

要するに、中国は、「ヨーロッパとアメリカの関係を引き裂《さ》きたいし、日本とアメリカも引き裂きたい」と思っているわけです。そういう考え方に対しては、「中国包囲網《もう》をつくる」というのが、もう一つの考えとしてあると思うのです。

でも、中国の考えていることのなかには、やはり、野蛮《やばん》性があると私は思いますよ。この野蛮な国が、「世界に対して害を与《あた》えよう」ともくろんでいることに対し、ものすごい善意の波動でそれを受け入れるのは、いわゆる「オオカミと七匹《ひき》の子ヤギ」の物語によく似ていますね。

すなわち、「お母さんヤギが、子ヤギたちに、『オオカミに気をつけなさいよ。私が留守《るす》の間にオオカミが来るかもしれないから、手が白いかどうかを見て確かめるんですよ。ヤギのまねをしても手の色が違《ちが》いますからね』と言ったけれども、オオカミが、手に白い石灰《せっかい》か何かを塗《ぬ》って、『ほら、白いでしょ?』と言って見せたので、騙《だま》されてドアを開けてしまった」という話があります。

そのように、手を白くして、「オオカミではない。ヤギなのだ」と言って化かすところが、平和主義のベールだと思うんですね。

国民の「知る権利」を認めない国家は信用できない

アインシュタイン　自分の国の国民を何千万人も殺しておいて、その事実を、一切《いっさい》、報道しない国、そういう情報公開をしない国は、やはり、信用できないですね。情報公開をせず、国民の「知る権利」を認めない国家を信用してはいけない。

国民にさえ知らされていないことを、外国人が知ることは、ほぼ、できないでしょう。

だから、今、「習近平《しゅうきんぺい》次期国家主席が、十日以上、姿を現さない」ということが問題になっていますが（収録当時）、国民に知る権利がなく、まったく分からないんですよ。入院したのか、暗殺されたのか、それとも、アメリカのヒラリー・クリントン以下の人たちと会いたくないために意図的に隠《かく》れているのか、さっぱり分からない。

交渉《こうしょう》の相手にもならないほど、情報隠蔽《いんぺい》がすごいですよね。

こういう国を、善意に考えて、理想化しているんだったら、かつてのアステカの王のようになってしまいますよ。スペイン人がやってきたときに、白人を神様だと思ったアステカの王は、「黄金《おうごん》を全部渡《わた》せば、おまえたちの安全は保証してやる」と言われて、武器をすべて取り上げられ、蔵いっぱいの黄金を貢《みつ》いだところ、そのあとで皆殺しになってしまいました。

スペイン人やポルトガル人たちは、過去、こういうことを平気でやってきたわけです。白人種も、けっこう、そういうことをしていましたからね。

中国は、一八〇〇年代に、ヨーロッパ諸国に国土の一部を割譲《かつじょう》させられたり、租借《そしゃく》されたりしましたし、日本に国土を荒《あ》らされた恨《うら》みもありますので、逆襲《ぎゃくしゅう》してみたい気持ちをすごく持っていると思います。

彼らは、「大中華帝国《だいちゅうかていこく》の夢」を持っていると思うので、日本国民が、それを肯定し、「そういうふうになりたい」という意志を持つならば、そのようにされていくことからは、もう逃《のが》れられないでしょうね。

そうなれば、ジャンヌ・ダルク的な人でも出てこないかぎり、日本は救えないでしょう。

ただ、そこまで危機を大きくしない前に、やはり、できるだけ防波堤《てい》をつくらなければ駄目だと私は思いますね。

武田　はい。分かりました。

それでは、次の質問者に替《か》わらせていただきます。

8 「日本の歴史」の見直しが未来を拓《ひら》く

二〇三〇年代において原子力発電はどの程度必要か

石川　ありがとうございます。

十八世紀以降、物理学はどんどん進歩してきています。そのなかで、「永久機関の発明」は、物理学者にとって、大きなテーマの一つだったと思うのですが、十八世紀の純粋力学《じゅんすいりきがく》において、さらに、十九世紀の熱力学において、「永久機関は存在できない」ということが明らかになりました。

そうした物理学のベースに立つと、マルサスが『人口論』で述べたように、

「人口を制限しないかぎり、食糧《しょくりょう》や生活資源が足りなくなる」というような世界が展開することになると考えられます。

しかし、アインシュタイン博士《はかせ》が導き出された$E=mc^2$という方程式、さらに、量子力学の進展によって、莫大《ばくだい》なエネルギー生産への道が開《ひら》けました。

これによって、人口百億人の世界をも支えられる可能性が出てきたと思うのですが、このなかで、やはり、「原子力エネルギーの果たすべき役割」をどう位置づけるかが重要になると考えられます。脱原発は、結局、石油や石炭などの化石燃料、熱力学への昔返りであって、百億の人口を支えられるようなエネルギー供給は、とうていできないと思われます。

にもかかわらず、今、民主党政権は、「二〇三〇年代には、原子力発電の稼《か》働《どう》をゼロにする」と言っているわけですが、アインシュタイン博士の目から見て、「二〇三〇年代の日本や世界にとって、原子力発電は、どの程度の割合、必要になるか」という点についてお聴《き》かせいただければ幸いです。

「エネルギーの安定供給」ができなければ、謎《なぞ》の病気や天変地異、戦争等で人口が減る

アインシュタイン　世界の人口が今の七十億人から百億人に行こうとしているときには、もちろん、食糧が必要ですし、それだけの人たちが食べていくためには、発展途上《とじょう》国の人たちの生活が豊かになる道ができなければいけないでしょう。そうすると、今後、そうした国でも工業化が進んでくるはずです。

その意味で、電力の供給は、ものすごく大事になってくるでしょうね。

ところが、中国は、十三億人から十四億人になる人口を抱《かか》えようとしている

ので、自国を中心に考えて、「世界中のエネルギー資源や鉱物資源をいち早く押《お》さえる」という戦略に出ています。それらが世界中で奪《うば》い合いになるのを見《み》越《こ》して、先に取りにいっている状況《じょうきょう》だと思うんですよね。

エネルギーの安定的な供給ができれば、食物の大量生産も可能です。また、工業の近代化を進めて、いろいろなインフラや工場をつくり、貿易もできるようになれば、国を豊かにすることができます。そうすれば、地上の人口が増えたとしても、百億人まで住めるようになるかもしれません。

それが不可能になった場合には、「大量に発生した〝イナゴ〟は、駆除《くじょ》される可能性が高い」と、私は思います。そういうときには、「謎《なぞ》の病気や天変地異、戦争等で人口が減る」というのが歴史のルールでしょうね。

ただ、「謎の病気」だと思われたものが、実は、生物化学兵器だったりすることがあるかもしれません。日本以外の国には、そういう研究をしているところもたくさんありますのでね。その場合には、証拠《しょうこ》はほとんど残らないでしょう。

もし、生物化学兵器等々によって、意図的な人口減を仕掛《しか》けられた場合には、「証拠が残らないままに、大勢の人が死んでいく。あるいは、薬がないために助からない」というようなことが起きる可能性はあると思いますね。

アフリカのエイズだって、もしかしたら、「人口抑制《よくせい》のために、意図的に広げられている」という可能性がないわけでもありません。

「脱《だつ》原発運動」には「文明即《そく》悪」という〝ガン細胞《さいぼう》〟が入っている

アインシュタイン　総裁が言われているとおり、今、いちばん恐《おそ》ろしいのは、やはり、唯物論《ゆいぶつろん》国と貧しいイスラム圏《けん》すべてが横の連携《れんけい》を組み、「反米・反日・反ヨーロッパ」になっていくような流れですね。その先に来る世界は、「極《きわ》めて抑圧的な世界」であり、「非常に貧しい平等を強要する世界」であると思います。

今、脱《だつ》原発運動をしている人々は、「電気なんか、なくたっていいのではないか」「企業《きぎょう》なんか、潰《つぶ》れたって構いやしないんだ」などと言っているけれども、実際、「企業が潰れて給料が出なくなる」ということの意味を知らないわけです。

そういう人たちは、狩猟《しゅりょう》生活や漁労《ぎょろう》生活、農耕生活など、「動物や魚を獲《と》ったり、農業をしたりする世界に還《かえ》りたい」と思っているのかもしれませんが、現に、世界には、そんな国がたくさんあるわけですよ。そういう国々が人口を増やそうとしている段階なんですね。

彼らによって、今、そのような世界に戻《もど》されようとしているわけですが、「その考え方のなかには、一種の思想的なガンがある」と、私は思いますね。やはり、〝ガン細胞《さいぼう》〟が入っています。おそらく、そのなかには、「滅《ほろ》びを呼び込《こ》む思想」が入っていると思います。また、文学的、感傷的なものかもしれないけれども、「文明即《そく》悪」という考え方が入っていると思う。

そういう意味では、「第二次大戦の歴史的位置づけ」を正したほうがいいのではないでしょうか。

原爆《げんばく》投下や東京大空襲《だいくうしゅう》は「ユダヤ人大虐殺《だいぎゃくさつ》」とほとんど同じだ

アインシュタイン　私は、基本的に、（アメリカが）日本の一般《いっぱん》市民に対して原爆《げんばく》を落としたことは、要するに、「ユダヤ人の大虐殺《だいぎゃくさつ》」とほとんど同じことに当たると思っています。

例えば、「戦艦大和《せんかんやまと》が無敵で、強くて強くて、どうしようもない。このままでは、軍の施設《しせつ》が攻撃《こうげき》される。これと戦う武器がないので、新兵器を使って沈《しず》めた」というのであれば、多少は分からないこともないし、それによって軍人が死ぬのもやむをえないとは思います。

しかし、「『日本は負ける』と分かっていた段階で、ああいうものを落として、大勢の人を死なせたことは、〝アウシュビッツ〟に相当する」と、私は思いますよ。

東京大空襲《だいくうしゅう》に関しても、やはり同じようなことが言えます。東京の模型をつくって、「(日本の家屋は) 木造でできているから、こういうふうに焼けば、いちばん効率よく焼き殺せる」というところまで研究していたというあたりには、やはり、人間ではないものを感じますのでね。この点に対する贖罪《しょくざい》は、ある程度、必要かと思います。

日本にとって「次の仮想敵国」は中国である

アインシュタイン　それから、中国に関しましては、誤解がかなりあると思うんですよ。

先の戦争以前の中国は、「漢《かん》民族の国」ではなかったわけです。「満州族《まんしゅう》の国」であったり、元《げん》の時代には「モンゴル民族の国」であったりと、いろいろな国に支配されてきた時代があるんですね。

今は、漢民族が国を支配しようとしているんでしょうけども、漢民族による支配のときには、ほかの民族が迫害《はくがい》を受けることがよくあるのです。

まあ、彼らには、「日本なんていうのは、漢民族のおこぼれにあずかって生きているいる民族だ」というぐらいにしか見えていないでしょうね。

かつて、イギリスからオーストラリアへ犯罪人を送ったように、「海賊《かいぞく》の出《で》来損《きそこ》ないのような連中が、（中国から）流刑地《るけいち》の日本へ送られて、漁労生活でもして生きていたのだろう。彼らの文明は、全部、われわれから与《あた》えられたのだ」というぐらいの気持ちでいるだろうと思います。

やはり、日本人自身が、日本文化の素晴《すば》らしさや伝統について、自らを教育し、海外にも発信していかなければいけません。まるで、人類の歴史が百年しかないかのような世界観に染まってはいけないと思います。最近の霊言《れいげん》では、天皇陛下の（守護霊《しゅごれい》の）お言葉もおありだったようですね（『今上《きんじょう》天皇・元首の本心 守護霊メッセージ』〔幸福の科学出版刊〕参照）。

日本が中華《ちゅうか》民国と戦争をしていたのは確かでしょうけれども、「共産党革命」

が起きたあとの、今の政府と戦っていたわけではありません。彼らを侵略《しんりゃく》したのではありませんから、彼らに対する賠償《ばいしょう》責任があるわけでもないと思うんですね。

中国が核《かく》武装した段階では、日本の仮想敵はソ連のほうだったから、対ソ政策としては、「ソ連と中国との関係を冷却《れいきゃく》させ、アメリカ・中国と仲良くすることによって、ソ連を封《ふう》じ込める」という作戦だったと思うのです。しかし、ソ連が解体してバラバラの共和国になり、ロシアだけになったら弱くなりました。

今のところ、北方四島を除けば、ロシアが侵略の意図を持っているとは思えない状況ですし、ロシアも「西側入りしたい」という気持ちを強く持っているので、(日本にとっての)次の仮想敵は、やはり中国ということになるでしょうね。

この中国共産党の一党独裁体制が悪いものであることは、本当は左翼《さよく》の人たちも分かっていなければいけないんですけど、それが分かっていないですよね。

中国は景気減速に対する人民の不満を「反日運動」でかわしている

アインシュタイン　もう一つの論点としては、デモによって独裁者を倒《たお》す「アラブの春」という運動がアフリカから起きてきましたが、独裁者を追い出し、政権を倒したものの、結局、政治をする人がいないため、国の秩序《ちつじょ》が乱れ、経済が悪くなっていると思うのです。つまり、デモ隊では、経済を治めることができないんですよ。

テントを張って、首相官邸《かんてい》前でデモをしている人たちが、日本の経済を動かせるわけではないのと同じように、政府を倒すことはできても、経済を起こすことはできないでいるんですよね。だから、そのへんの不満が反米運動になったりしているのではないかと思います。

反日運動をしている今の中国の民衆などに対しても、今、中国の景気がスローダウンしてきていることへの説明が何にもありませんので、それを日本のせいにしてみたくなるほうへ持っていっているところが、大いにあるのではないかと思いますね。

9　今こそ本格的な「防衛の研究」に入れ

核爆弾《かくばくだん》を落とされた日本は「核防衛をしてもいい唯一《ゆいいつ》の国」

アインシュタイン　日本にとっての現実的な脅威《きょうい》としては、少なくとも、中国と北朝鮮《きたちょうせん》の核《かく》兵器があるので、これを無力化する方法を考えるか、バランス・オブ・パワーをとって侵略《しんりゃく》させないようにするかを考えないかぎり、二十一世紀前半で属領化される可能性が極《きわ》めて高いでしょうね。

この世代の人たち（武田を指す）では分からないけれども、あなたがたの世代（大川真輝を指す）では、「日本が属領化される可能性は極めて高い」と見たほうがいいと思います。

要するに、今、「平和運動をして、人殺しに反対している」と思われているような人が、実は、「仲間を大量に売り渡《わた》し、敵を呼び込《こ》む仕事をしている」と考えていいのではないかと、私は思いますね。

日本は核爆弾《ばくだん》を落とされた唯一《ゆいいつ》の国なんですから、日本こそ、「核防衛をしてもいい唯一の国」なんですよ。

ほかの国は、その痛みを知らないんですから。「十万人もの人が、核兵器によって一瞬《いっしゅん》で蒸発し、亡《な》くなった」というようなことを経験していないんですから。

自分らのアメリカだってそうですけど、国内では、ほとんど宣伝していませんからね。一生懸命《いっしょうけんめい》、それを知らせないようにしています。「早く戦争を終わらせたんだ」という宣伝には使っていますが、その実状を知らせないようにしていますのでね。

だから、「日本こそ、核防衛をしても構わない」と言えます。日本は、核兵器に対する防衛を一番に考えなければいけない国なんですね。

「電子バリアによる都市防衛システム」を研究せよ

アインシュタイン　もし、日本が「核爆弾をつくらない」という選択《せんたく》をした場合に、一つありうるのは、いわゆる「バリア型の防衛システム」をつくれるかどうかですね。

つまり、「ミサイルの発射を探知したときに、都市の上空に電子バリアのようなものを張れるかどうか」といった研究です。こういうものもありえると思います。

ただ、そうすると、同時に、日本の飛行機が飛べなくなる可能性もあるので、ちょっと研究は難しいのですがね。鳥が電線にぶつかって死ぬような現象が起きるかもしれないんですけども、そうしたバリアをつくれるかどうかです。

核攻撃《かくこうげき》に備え、日本アルプスの地下に避難《ひなん》都市を建設せよ

アインシュタイン　もう一つは、「地下都市の建設」でしょう。原子力兵器（の攻撃《こうげき》）に対しては、やはり、地下が強いことは事実ですので、地下都市をつくることが有効でしょうね。

「日本はまったく核武装《かく》しない」ということであるならば、原子力兵器対策として、日本アルプスの下にでも、避難《ひなん》都市をつくっておくべきです。だから、「〝第二の首都〟は、大阪《おおさか》などではなく、地下でなければ駄目《だめ》だ」と、私は思いますね。

要するに、尖閣《せんかく》あたりから始まって、いろいろと攻《せ》めてくるようであれば、「今後、核攻撃に備え、『首都機能』を防衛できるようにしておかなければいけない」と思いますね。

とにかく、「平和運動」をしている人たちが反米で、アメリカとの仲を裂《さ》こうとしているので、これは、日本にとって極めて危険なことだと思います。

アメリカも、ある程度は、日本のことを信じていますが、完全には信じていないところもあります。かつて敵国として戦った相手でもあるので、日本に対する航空技術や軍事技術面での供与《きょうよ》については積極的ではなく、ちょっと遅《おく》らせていますよね。「有効な戦闘機《せんとうき》については売らない」とか、そういうことをけっこうしています。

だから、日本が独自で開発する予算を、もうちょっと付けないといけないと思うんですね。要するに、向こうのものを買うほうが安いんでしょうけれども、やはり、独自で開発する努力をしたほうがいいでしょう。

先の大戦で、「ゼロ戦」以下の名機をあれだけいっぱい生んだ日本ですから、研究していけば、十分に（独自開発）できる可能性はあると思います。

今、本格的に、そういう防衛の研究に入らなければいけない時期だと考えますね。うん。

武田　本日は、日本、そして世界に対する貴重なアドバイスを頂きまして、まことにありがとうございました。

アインシュタイン　はい。

10　「原子力アレルギー」が日本を滅《ほろ》ぼす

大川隆法　基本的な考え方は、私たちとそう大きくは変わらないようです。「原子力アレルギーが、さらに日本を滅《ほろ》ぼす方向に動いている」ということでしたが、これは、マスコミが悪いと思います。

去年の東日本大震災《だいしんさい》で亡《な》くなった人々は、地震と津波《つなみ》が原因だったわけですが……。

武田　そうですね。いつの間にか……。

大川隆法　マスコミ報道によって、放射線が原因で死んだ人が大勢いたように錯覚《さっかく》させられました。そのため、「原発が〝人殺し〟をした」「原発のせいで何万人も死んだのだ」というような幻想《げんそう》にとらわれた人々が反原発運動に駆《か》り立てられています。

武田　これも一種の洗脳でしょうか。

大川隆法　ええ。これに対する〝解毒剤《げどくざい》〟が必要だと思います。

例えば、「中国では、『文化大革命』のときに、三千万人もの人が死んだ」というようなことを暴《あば》き、情報公開することができたら、これは、「南京《ナンキン》事件」

どころではありません。

武田　はい、そうですね。

大川隆法　そうすれば、「中国は大変な人殺し国家だ」ということが分かるのです。

また、かつてのソ連が、スターリンの下《もと》で、どれほどの国民を殺したのでしょうか。最低でも二千万人は殺しているはずです（一説には六千万人とも言われる）。多数の国民をシベリア送りにして殺したことが、どれだけ残酷《ざんこく》だったのかを明らかにしたいところです。

そして、北朝鮮《きたちょうせん》の実態についても同様です。金《キム》親子三代で、国民をどれほど虐待《ぎゃくたい》・虐殺したのでしょうか。

要は、「それらを行ったのは日本人ではない」ということです。そのあたりのことを明らかにし、情報公開させていかないといけません。「情報公開をしない国に、日本を非難する権利はない」ということを、もっと言わなければ駄《だ》目《め》です。

したがって、「日本を『悪い国だ』と言うならば、そちらもきちんと情報公開をしてください」と言うべきです。

天安門《てんあんもん》事件で、いったい何人死んだのでしょうか。それさえ発表していませんん。

武田　発表していませんね。

大川隆法　発表できないのです。実際に何人死んだかも分かりませんし、誰《だれ》が死んだかさえ分かりません。全部、隠蔽《いんぺい》しているのです。一説には、「数万人は死んでいる」とも言われているのに、これを完全に隠蔽する力があるのです。

去年（二〇一一年）、中国高速鉄道の追突《ついとつ》・落下事故がありましたが、驚《おどろ》くべきことに、事故を報道されないように、穴を掘《ほ》って列車を埋《う》めてしまいました。あれには日本も驚かされました。落下した列車のなかには、まだ人の死体が入っていたのに、穴を掘って、そのまま埋めてしまったのです。あれは、非常に野蛮《やばん》で原始的な行為《こうい》でした。

犠牲者《ぎせいしゃ》の家族が事故現場に来て、「うちの人がいるのではないか」と泣きながら訴《うった》えても、「そんなものはいない。もう分からない。証拠《しょうこ》が何もない」と言って追い返しているのです。外国メディアに現場を見られることが、よほど嫌《いや》だったのでしょう。

あのようなものを見れば、中国の体質がいかなるものであるかが分かります。「『知る権利』が保障されていない国、情報が公開されていない国を、平和な国家として推奨《すいしょう》したり、その主張に乗ったりしてはいけない」というメッセージを強く出していかなければなりません。

今回の霊言《れいげん》が、何らかのお役に立てばよいと思います。

日本は、今、非常に危険なところにいると思います。おそらく二十年後には自分たちが政府にいなくなっているにもかかわらず、民主党政権は、「二〇三〇年代に日本から原子力発電をなくす」という方針を決めています。

これは、最初に述べたように、アメリカを弱らせる戦略であり、中国が核大《かく》国として君臨するシナリオに沿った考え方なのです。そのあたりの危険性については知らせておきたいと思います。

武田　はい。ありがとうございました。

あとがき

原爆の父ともいわれるアインシュタイン博士は、その正しい管理と運用によって「正義の実現」を望んでおられる。

単なる核へのアレルギーから、ムードだけで反原発運動をするのは、理性もなく、知恵もない証左《しょうさ》だ。

この国の世論とマスコミは、間違いの常習犯であるので、恐ろしい。ソクラテスを死刑に追いやったような、愚かしい民主主義を感じる。

留保条件をつけつつも、脱原発で票を集めようとする政治家の心の醜さは、万死に値する。

反米運動をやり、脱原発で核大国の悪しき隣人におどされたら、この国は属領化される。それがわからないなら、政治家もマスコミも廃業するがよい。正しいことを述べるのに、勇気を持ちなさい。

二〇一二年　九月十七日

幸福《こうふく》の科学《かがく》グループ創始者兼総裁《そうししゃけんそうさい》　大川隆法《おおかわりゅうほう》

『アインシュタインの警告』大川隆法著作関連書籍

『大江健三郎に「脱原発」の核心を問う』（幸福の科学出版刊）
『核か、反核か』（同右）
『今上天皇・元首の本心 守護霊メッセージ』（同右）

アインシュタインの警告《けいこく》 ――反原発は正しいか――

2012年9月27日　初版第1刷

著　者　　大《おお》川《かわ》隆《りゅう》法《ほう》

発行所　　幸福の科学出版株式会社

〒107-0052 東京都港区赤坂2丁目10番14号
TEL(03)5573-7700
http://www.irhpress.co.jp/

印刷・製本　株式会社 東京研文社

落丁・乱丁本はおとりかえいたします

ISBN978-4-86395-250-8 C0030
Photo: © Matthew Benoit /© psdesign1 - Fotolia.com

大川隆法ベストセラーズ・国難を打破する

国を守る宗教の力

この国に正論と正義を

３年前から国防と経済の危機を警告してきた国師が、迷走する国難日本を一喝！ 日本を復活させる正論を訴える。

【幸福実現党刊】

1,500円

この国を守り抜け

中国の民主化と日本の使命

平和を守りたいなら、正義を貫き、国防を固めよ。混迷する国家の舵取りを正し、国難を打破する対処法は、ここにある。

【幸福実現党刊】

1,600円

平和への決断

国防なくして繁栄なし

軍備拡張を続ける中国。財政赤字に苦しみ、アジアから引いていくアメリカ。世界の潮流が変わる今、日本人が「決断」すべきこととは。

【幸福実現党刊】

1,500円

大川隆法ベストセラーズ・日本の政治を立て直す

坂本龍馬 天下を斬る!
日本を救う維新の気概

信念なき「維新ブーム」に物申す!
混迷する政局からマスコミの問題点まで、再び降臨した坂本龍馬が、現代日本を一刀両断する。
【幸福実現党刊】

1,400円

公開霊言 天才軍略家・源義経なら現代日本の政治をどう見るか

先の見えない政局、続出する国防危機……。現代日本の危機を、天才軍事戦略家はどう見るのか? また、源義経の転生も明らかに。
【幸福実現党刊】

1,400円

カミソリ後藤田、日本の危機管理を叱る
後藤田正晴の霊言

韓国に挑発され、中国に脅され、世界からは見下される──。民主党政権の弱腰外交を、危機管理のエキスパートが一喝する。
【幸福実現党刊】

1,400円

※表示価格は本体価格(税別)です。

大川隆法ベストセラーズ・日本の政治を立て直す

横井小楠
日本と世界の「正義」を語る
起死回生の国家戦略

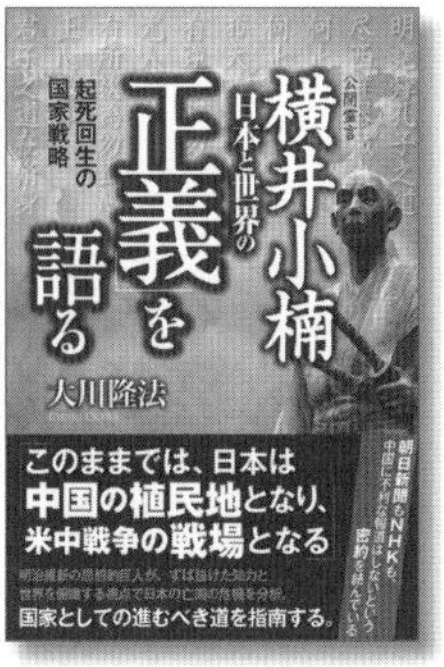

明治維新の思想的巨人は、現代日本の国難をどう見るのか。ずば抜けた知力と世界を俯瞰する視点で、国家として進むべき道を指南する。
【幸福実現党刊】

1,400円

橋本左内、
平成日本を啓発す
稚心を去れ！

安逸を貪る日本人よ、志を忘れていないか。国防危機が現実化しても、毅然とした態度を示せない日本を、明治維新の先駆者が一喝！
【幸福実現党刊】

1,400円

佐久間象山
弱腰日本に檄を飛ばす

国防、財政再建の方法、日本が大発展する思想とは。明治維新の指導者・佐久間象山が、窮地の日本を大逆転させる秘策を語る！
【幸福実現党刊】

1,400円

大川隆法 ベストセラーズ・アジア情勢の行方を探る

ヒラリー・クリントンの政治外交リーディング

同盟国から見た日本外交の問題点

竹島、尖閣と続発する日本の領土問題……。国防意識なき同盟国をアメリカはどう見ているのか？　クリントン国務長官の本心に迫る！

【幸福実現党刊】

1,400円

李克強 次期中国首相 本心インタビュー

世界征服戦略の真実

「尖閣問題の真相」から、日本に向けられた「核ミサイルの実態」、アメリカを孤立させる「世界戦略」まで。日本に対抗策はあるのか!?

【幸福実現党刊】

1,400円

中国「秘密軍事基地」の遠隔透視

中国人民解放軍の最高機密に迫る

人類最高の霊能力が未知の世界の実態を透視する第二弾！　アメリカ政府も把握できていない中国軍のトップ・シークレットに迫る。

1,500 円

※表示価格は本体価格（税別）です。

神秘の法

次元の壁を超えて

2012年10月6日
ロードショー

この世とあの世を貫く秘密を解き明かし、あなたに限界突破の力を与える書。この真実を知ったとき、底知れぬパワーが湧いてくる！

1,800円

公式ガイドブック①

映画「神秘の法」が明かす近未来シナリオ

［監修］大川隆法

この世界は目に見える世界だけではない。映画「神秘の法」に込めた願いが熱く語られる、近未来予言映画第2弾の公式ガイドブック。

1,000円

幸福の科学グループのご案内

宗教、教育、政治、出版などの活動を通じて、地球的ユートピアの実現を目指しています。

宗教法人　幸福の科学

一九八六年に立宗。一九九一年に宗教法人格を取得。信仰の対象は、地球系霊団の最高大霊、主エル・カンターレ。世界百カ国に迫る国々に信者を持ち、全人類救済という尊い使命のもと、信者は、「愛」と「悟り」と「ユートピア建設」の教えの実践、伝道に励んでいます。

（二〇一二年九月現在）

公式サイト
http://www.happy-science.jp/

愛

幸福の科学の「愛」とは、与える愛です。これは、仏教の慈悲《じひ》や布施《ふせ》の精神と同じことです。信者は、仏法真理をお伝えすることを通して、多くの方に幸福な人生を送っていただくための活動に励んでいます。

悟り

「悟り」とは、自らが仏の子であることを知るということです。教学《きょうがく》や精神統一によって心を磨き、智慧《ちえ》を得て悩みを解決すると共に、天使・菩薩《ぼさつ》の境地を目指し、より多くの人を救える力を身につけていきます。

ユートピア建設

私たち人間は、地上に理想世界を建設するという尊い使命を持って生まれてきています。社会の悪を押しとどめ、善を推し進めるために、信者はさまざまな活動に積極的に参加しています。

国内外の世界で貧困や災害、心の病で苦しんでいる人々に対しては、現地メンバーや支援団体と連携して、物心両面に渡り、あらゆる手段で手を差し伸べています。

年間３万人を超える自殺者を減らすため、全国各地で街頭キャンペーンを展開しています。

公式サイト
http://www.withyou-hs.net/

ヘレン・ケラーを理想として活動する、ハンディキャップを持つ方とボランティアの会です。視聴覚障害者、肢体不自由な方々に仏法真理を学んでいただくための、さまざまなサポートをしています。

公式サイト
http://www.helen-hs.net/

教育

学校法人 幸福の科学学園

幸福の科学学園中学校・高等学校は、幸福の科学の教育理念のもとにつくられた学校です。人間にとって最も大切な宗教教育の導入を通じて精神性を高めながら、ユートピア建設に貢献する人材輩出を目指しています。

幸福の科学学園
中学校・高等学校（男女共学・全寮制）
2010年4月開校・栃木県那須郡

TEL **0287-75-7777**
公式サイト
http://www.happy-science.ac.jp/

関西校（2013年4月開校予定・滋賀県）
幸福の科学大学（2015年開学予定）

仏法真理塾「サクセスNo.1」

小・中・高校生が、信仰教育を基礎にしながら、「勉強も『心の修行』」と考えて学んでいます。

TEL **03-5750-0747**（東京本校）

心の面からのアプローチを重視して、不登校の子供たちを支援しています。また、障害児支援の「**ユー・アー・エンゼル!**」運動も行っています。

不登校児支援スクール「ネバー・マインド」

幼少時からの心の教育を大切にして、信仰をベースにした幼児教育を行っています。

エンゼルプランV

いじめから子供を守ろう!ネットワーク

学校からのいじめ追放を目指し、さまざまな社会提言をしています。また、各地でのシンポジウムや学校への啓発ポスター掲示等に取り組むNPO「いじめから子供を守ろう！ネットワーク」を支援しています。

公式サイト **http://mamoro.org/**

ブログ **http://mamoro.blog86.fc2.com/**

相談窓口 **TEL.03-5719-2170**

政治

幸福実現党

内《ない》憂《ゆう》外《がい》患《かん》の国難に立ち向かうべく、二〇〇九年五月に幸福実現党を立党しました。創立者である大川隆法党名誉総裁の精神的指導のもと、宗教だけでは解決できない問題に取り組み、幸福を具体化するための力になっています。

党員の機関紙
「幸福実現News」

TEL 03-6441-0754
公式サイト
http://www.hr-party.jp/

出版メディア事業

幸福の科学出版

大川隆法総裁の仏法真理の書を中心に、ビジネス、自己啓発、小説など、さまざまなジャンルの書籍・雑誌を出版しています。他にも、映画事業、文学・学術発展のための振興事業、テレビ・ラジオ番組の提供など、幸福の科学文化を広げる事業を行っています。

TEL 03-5573-7700
公式サイト
http://www.irhpress.co.jp/

入会のご案内

あなたも、幸福の科学に集い、
ほんとうの幸福を
見つけてみませんか？

幸福の科学では、大川隆法総裁が説く仏法真理をもとに、
「どうすれば幸福になれるのか、また、
他の人を幸福にできるのか」を学び、実践しています。

入会

大川隆法総裁の教えを学ぼうとする方なら、どなたでも入会できます。入会された方には、『入会版「正心法語」』が授与されます。（入会の奉納は1,000円目安です）

ネットでも**入会**できます。詳しくは、下記URLへ。

三帰《さんき》誓願《せいがん》

仏弟子としてさらに信仰を深めたい方は、仏・法・僧の三宝への帰依を誓う「三帰誓願式」を受けることができます。三帰誓願者には、『仏説・正心法語』『祈願文①』『祈願文②』『エル・カンターレへの祈り』が授与されます。

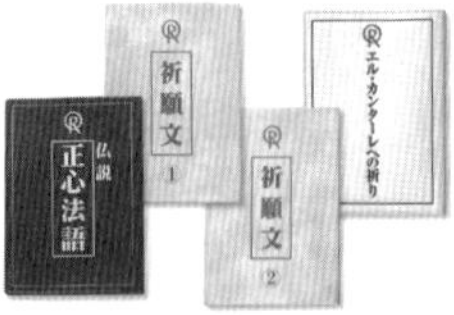

植福《しょくふく》の会

植福は、ユートピア建設のために、自分の富を差し出す尊い布施の行為です。布施の機会として、毎月1口1,000円からお申込みいただける、「植福の会」がございます。

「植福の会」に参加された方のうちご希望の方には、幸福の科学の小冊子（毎月1回）をお送りいたします。詳しくは、下記の電話番号までお問い合わせください。

月刊
「幸福の科学」

ザ・伝道

ヤング・ブッダ

ヘルメス・
エンゼルズ

INFORMATION	幸福の科学サービスセンター TEL. 03-5793-1727（受付時間 火～金：10～20時／土・日：10～18時） 宗教法人 幸福の科学 公式サイト http://www.happy-science.jp/